Investissement Immobilier

Jordan Riches

CHAPITRE 1: INTRODUCTION..........................8
CHAPITRE 2: INVESTISSEUR IMMOBILIER.......11
2.1 INTRODUCTION 11
2.2 CRITÈRES..16
2.3 CONDITIONS 19
2.4 RÉSEAU..22
2.5 LES QUATRE ÉTAPES DE LA CROISSANCE..............28
CHAPITRE 3: COMPRENDRE LES HUIT MYTHES DE L'IMMOBILIER 36
3.1 MYTHE 1 40
3.2 MYTHE 2 48
3.3 MYTHE 3 52
3.4 MYTHE 4 62
3.5 MYTHE 5 64
3.6 MYTHE 6 66
3.7 MYTHE 7 69
3.8 MYTHE 8 73
CHAPITRE 4: MODÈLES IMMOBILIERS 86
4.1 LE MODÈLE FINANCIER 86
4.2 LE MODÈLE DE RÉSEAU....................................114
4.3 LE MODÈLE DE GÉNÉRATION DE GUIDES 152
4.4 LE MODÈLE D'ACQUISITION..............................176
CHAPITRE 5: COMMENT AUGMENTER LE FINANCEMENT ET LE CAPITAL 197

5.1 Reconnaître les sources de capital 197
5.2 Financement d'achat de propriété 212
5.3 Meilleur financement hypothécaire 223

CHAPITRE 6: IDENTIFICATION ET ÉVALUATION DES BIENS 238
6.1 Valeur de l'emplacement 238
6.2 Contrats de location et évaluation de propriété 251
6.3 Inspection de propriété, due diligence et fermeture 263
6.4 Faire une offre 277

CHAPITRE 7: LE MYTHE DES DIX 292
7.1 Augmenter la valeur de la propriété de dix façons 292
7.2 Investissement immobilier réussi de dix manières 309

CHAPITRE 8: BUTS POUR ATTEINDRE LE TOP 320
8.1 Déterminer le camp de base 320
8.2 Protéger l'avenir 325
8.3 Financement futur 332
8.4 Rester dans le cours 338

Ce livre traite des projets qui génèrent des profits énormes. D'autre part, j'ai maîtrisé n'importe quoi dans ma vocation innovante, à savoir : les petits projets, qui au mieux donnent peu de résultats, et les grands projets, au mieux les dépassements de petits projets . De cette façon, lorsque j'ai besoin d'énormes résultats, j'ai besoin d'un accord important. Les meilleurs résultats, dans l'une des sociétés de la vie, sont souvent l'effet secondaire d'un important accord conduit par un effort constant à long terme. Cette approche ne vous donnera pas seulement la meilleure chance de gagner : Cela vous placera également dans la position la plus idéale pour gagner énormément. S'agissant de l'obtention d'une richesse monétaire (en espèces), l'une des formes les plus idéales que j'ai jamais vue et qui soit réellement ouverte à quiconque est de placer des ressources sur la terre. L'investissement dans la terre peut être un formidable chemin vers la richesse. Cela peut complètement transformer l'avenir de votre famille. En fait, il peut vous fournir les éléments essentiels dont vous avez besoin, ainsi que le maximum que vous méritez. Ce livre ne traite pas de l'essentiel. C'est votre maximum, votre plus grand potentiel en tant qu'investisseur.

Que vous soyez un apprenti ou un investisseur foncier préparé, ce livre a été conçu pour vous. Il a été créé pour vous permettre de réussir et d'avoir un énorme succès. Tout ce dont vous avez besoin est un accord, un excellent accord, un accord énorme qui peut vous mener du premier point de départ aux investissements les plus incroyables. L'investisseur immobilier donnera cet accord. Nous avons besoin de vous pour devenir un investisseur immobilier prospère, pour atteindre vos objectifs, pour réussir et prospérer après un certain temps et même, si vous le souhaitez, pour devenir un investisseur immobilier.

CHAPITRE 1: INTRODUCTION

Le secteur immobilier est l'une des approches les plus sublimes pour les personnes qui possèdent différents moyens économiques afin de créer de la richesse. Vous devez être compétent pour obtenir un rendement annualisé d'au moins 8 à 10% par an pour investir dans l'immobilier pendant des décennies. C'est une réalité qu'investir dans l'immobilier n'est pas un mythe, mais nécessite quelques connaissances. Vous êtes plus susceptible d'investir dans des propriétés mal valorisées ou trop chères si vous n'êtes pas vigilant à votre travail sur le terrain. Notre livre montre concrètement comment acheter les meilleures propriétés à un prix raisonnable. Vous pouvez perdre de l'argent, en particulier à court terme, même si vous devriez en gagner en investissant dans de bons biens immobiliers à long terme. Peut-être, ne vous attendez pas de manière réaliste à ce que les valeurs immobilières s'accélèrent chaque année. Dans le secteur immobilier local, les baisses peuvent créer des opportunités d'achat temporaires. Les pauses occasionnelles dans la pratique ne devraient être augmentées lors d'un voyage avantageux que lorsque vous investissez dans l'immobilier pour une longue période.

CHAPITRE 2: INVESTISSEUR IMMOBILIER
2.1 Introduction

Un principe universel qui peut changer la vie a été documenté à la fin des années 1940 et était appelé "peu vital et très insignifiant". L'idée était que l'étendue relativement réduite de leurs tentatives aboutissait à la grande quantité de leurs résultats. Cette notion est également basée sur la règle 80/20 de Vilfredo Pareto, qui admettait que 20% de la population possédait 80% de la richesse de leur pays respectif. L'idée selon laquelle 80% de vos résultats peuvent être générés par 20% de vos actions pourrait constituer l'un des principes les plus sublimes que vous puissiez adopter dans votre vie. Il s'agit simplement de tirer le meilleur parti de vos efforts et de votre temps. C'est avoir un objectif ferme. Ce, pour maximiser vos résultats.

C'est un leurre que vos efforts, votre expérience ou même vos capacités naturelles ne peuvent pas vous permettre d'obtenir des résultats, mais un objectif ferme peut jouer un rôle vital dans l'atteinte d'un immense succès. Vous pouvez explorer les plus grands successeurs dans n'importe quel domaine et vous réaliserez qu'ils ont un objectif précis et ferme ; De manière tout aussi importante, vous découvrirez que votre approche était basée sur les éléments essentiels : la poignée de problèmes réellement importants qui font la différence. Ils réalisent ce qui les intéresse et à quel moment c'est le plus important. Vous atteindrez également le niveau de concentration souhaité pour devenir un investisseur immobilier performant. Avec le temps, ils se développeront considérablement, même si les résultats découlant de cette approche pourraient commencer lentement.

L'objectif des grands gagnants était de rechercher les notions de base sur lesquelles ils se concentraient chaque jour, indépendamment de toute interruption du monde de l'investissement immobilier. Dans quels royaumes se sont-ils battus pour se justifier ? Ce que nous identifions, c'est que ces grands gagnants se sont concentrés sur trois forces fondamentales, mais réalistes, d'investissement immobilier. Il est un fait que ces trois forces sont au sommet de tous les investissements, qui incluent des critères, des conditions et des réseaux. Nous en sommes venus à les identifier fondamentalement comme CTN ou "Dynamic Investment Trio".

2.2 Critères

L'un des critères est le premier principe du CTN ou "Dynamic Investment Trio". Décrivez ce que vous achetez. Ce sont les points de repère qui démontrent le type de propriété que vous recherchez. Les critères sur lesquels il a insisté sont les aspects qu'il écrit habituellement dans son bulletin de propriété (APB) lorsqu'il cherche la dernière chance. La propriété est-elle unifamiliale ou multi-familiale? Qu'est-ce que le développement? Avez-vous les aspects et services appropriés qui vous rendent responsable de la location ou de la revente? Plus important encore, où se trouve un investissement? Leurs critères sont les choses de propriété qui sont basées sur des faits indiscutables, des choses qui ne peuvent être ignorées de toute façon. Ils constituent un aspect fondamental de votre tactique d'investissement.

Les options des propriétés d'un investisseur sont réduites par des critères qui mettent en évidence la plus grande possibilité et le risque minimum. En retour, vous obtenez quelque chose avec une valeur prédite, lorsque la propriété souhaitée correspond à vos critères. Lorsque vous considérez vos critères comme un écran d'opportunité, vous pouvez éviter le mauvais et conserver le bon. Le mauvais critère a engendré le déclin de nombreux investisseurs potentiels, car de tels critères sont le fondement d'un investissement immobilier réussi. Nous aborderons plus tard dans ce livre les critères particuliers des investisseurs les plus performants ou les plus performants pour choisir leurs immeubles de placement. Les critères sont fondamentaux en ce qui concerne la réalisation de la valeur prévue. C'est pourquoi ils constituent le premier domaine de focalisation de la réussite de l'investisseur.

2.3 Conditions

Les termes décrivent comment changer l'opportunité dans un accord si les critères le décrivent. Les termes réalisent leur valeur dans le présent ou dans le futur une fois qu'une propriété remplit les critères. Les termes comprennent tout, du prix offert au taux d'intérêt en passant par le moyen de transport, les frais de clôture, l'occupation et le versement initial, et représentent donc les éléments négociables d'un achat. Les termes sont plus utiles et bénéfiques pour tous les investisseurs, car ils peuvent faire beaucoup en utilisant les critères les plus modestes. Une négociation habile des conditions peut entraîner une amélioration des flux de trésorerie, une meilleure situation du capital et parfois les deux. Il s'agit de savoir comment clôturer une transaction, quelle somme d'argent vous avez besoin pour obtenir une propriété et combien vous allez posséder de propriétés au fil du temps. Les conditions ont pour objet de mettre l'accent sur la portée de l'action et de maximiser la valeur financière pour l'investisseur immobilier.

Nous discuterons des conditions clés de tout investissement pouvant faire une différence dans le succès comparatif d'une transaction. Gardez toujours à l'esprit qu'il n'est pas nécessaire d'être un investisseur talentueux pour tirer parti des conditions. Il s'agit de comprendre les concepts financiers de base d'une transaction, de connaître les éléments flexibles systématiquement pour tirer partie de chaque transaction. Il est également gratifiant de savoir quand partir. N'oubliez pas que vous n'êtes pas obligé de sortir, mais que vous devez faire fructifier votre argent. Laissez le marché travailler pour vous au lieu d'acheter moins par rapport à la bonne chose et attendez-vous à ce que le marché vous sauve en achetant la bonne chose. Le droit d'achat concerne l'obtention des conditions correctes.

2.4 Réseau

Le réseau est le dernier membre du Dynamic Trio. Le réseau d'investisseurs les aide dans leur investissement. Le réseau est un candidat surprise lorsque nous essayons de déterminer les domaines importants qui font la plus grande différence en matière d'investissement immobilier. Le principal dilemme est que les investisseurs ne le voient pas venir. La notion d'investisseur entrepreneurial personnel a envahi les rues pour traiter les perceptions exprimées dans l'esprit de la plupart des gens. Cependant, à plusieurs reprises, les investisseurs ont préféré toutes les personnes qui les ont aidés à réussir au cours de l'enquête. Dans de nombreux cas, ils ont noué des partenariats avec des personnes qui leur ont transmis ces opportunités, les ont aidés à acheter et à entretenir leurs propriétés, les ont conseillés et leur ont proposé des services leur permettant de faire plus en investissant moins d'efforts et de temps. Nous pouvons même en tirer parti dans le contexte d'un entrepreneur, ce qui montre bien qu'il peut obtenir plus avec de l'aide expérimentée plutôt que de le faire seul.

Nous vous aiderons à devenir des investisseurs, à comprendre comment déterminer un "groupe de rêve" pour votre carrière dans le domaine des investissements lorsque nous examinerons de manière approfondie le réseau dans les sections suivantes. C'est un fait que vous aurez besoin de l'aide d'agents immobiliers dédié aux entrepreneurs. En fait, le réseau occupera la première place dans votre carrière d'investissement car il dépendra de ces personnes de vous aider à démarrer votre carrière d'investissement de manière fiable, rentable et sécurisée, même si le réseau est le dernier des trois éléments explorés. Les informations et les suggestions fournies sur ces pages vous aideront à sélectionner les solutions les plus avantageuses et à les utiliser avec succès au fil du temps.

Les questions sur le bien que vous allez acheter, la personne qui va vous aider et comment vous allez l'acheter sont répondues à partir des trois domaines d'intervention de l'investisseur immobilier fondés sur les Critères, les Conditions et le réseau, le plus important étant que les critères soient explorés, les termes identifiés et que Votre réseau encourage toutes les dépenses que vous faites. La compréhension réussie de ces domaines vous fournira la meilleure opportunité de succès durable, en plus de le placer intégralement sur la plate-forme pour devenir un investisseur immobilier.

2.5 Les quatre étapes de la croissance

Quatre étapes de croissance progressent sur la plateforme d'un investisseur immobilier. Tout d'abord, avant d'effectuer votre premier déménagement, vous devez apprendre à penser comme un investisseur immobilier à la recherche d'un million. Votre expérience peut vous apprendre une chose: plus vous pensez, plus vous pouvez réaliser en voyant cela comme une vérité intemporelle ou comme une formule. Vous devez comprendre que ce que vous avez à l'esprit est ce qui est visible dans votre vie.

Le plus grand changement pour devenir un investisseur viendra de la compréhension de penser réellement comme un investisseur immobilier.

L'achat d'un million est la prochaine étape au cours de laquelle vous acquerrez une compréhension importante des modèles efficaces d'investissement dans l'immobilier et de réflexion sur l'argent, plus élémentaire. L'objectif est de l'utiliser avec les modèles opérationnels dont vous avez besoin pour acheter des immeubles de placement d'une valeur marchande d'un million de dollars ou plus. Ce n'est pas un bond en avant que vous puissiez réaliser, de même que plusieurs investisseurs acquièrent cet indice bien avant de penser qu'ils le croiraient ou non. Dans certains cas, l'achat d'un million concerne les bases de l'équipement, de la propriété et de la vente de propriétés. La force des critères, des conditions et du réseau est appliquée pour lancer votre carrière afin d'investir un million d'achats.

Après "Acheter un million", vous vous concentrez sur une valeur d'un million de dollars ou plus dans vos propriétés. Nous considérons cette étape Get Million. C'est à ce stade que vous comprendrez que la mise en œuvre que vous avez effectuée est devenue une véritable entreprise. Avec ce changement, de nombreux problèmes explicites se posent pour cette dimension de la possession. Obtenir des biens par le crédit peut devenir de plus en plus problématique, l'argent devient conscient et la gestion de vos investissements peut nécessiter l'aide de quelques partis. Cette étape inclut la gestion et la compensation fréquente des revenus avec des ressources ou un développement de valeur. Cela peut inclure la vente, l'échange ou le commerce. Cela comprend certainement la compréhension des substances étonnamment directes de l'évaluation et les problèmes de l'élément propriétaire. Heureusement, comprendre ces problèmes dès le premier point de départ peut vous aider à vous y préparer. C'est ce que les modèles proposés dans ce livre vous permettent de faire. Quand vous commencez avec les bons modèles, ceux démontrés, qui peuvent traiter les énormes problèmes, vous ne devrez jamais vous arrêter et vous gratter la tête ou, ce qui est plus malheureux, recommencer et repenser ce que vous allez faire.

La dernière phase de développement pour un investisseur immobilier est "Obtenez un million". Considérez cela comme le sommet, un endroit où seuls les meilleurs sont partis.

Obtenir un million est un point où vous pouvez obtenir un salaire annuel d'un million de dollars grâce à vos investissements. Pour cette étape, il est essentiel que votre activité d'investissement soit planifiée afin que vous puissiez vous échapper du travail quotidien et apprécier les avantages de ce que vous avez fait. Bien que vous puissiez vous aventurer à tout moment, vous vous attendez à vous concentrer sur un objectif principal.

C'est précisément à vous de choisir le mode "get". De toute évidence, vous n'avez pas besoin d'attendre d'accepter un million de dollars par an. En tant que membre des spécialistes financiers que nous avons rencontrés au cours de notre exploration, vous pouvez reconnaître les revenus que vous avez réalisés et que vous avez risqués de perdre. Par contre, il peut faire une pause et progresser progressivement. Le fait est que, si vous avez suivi les modèles de l'investisseur immobilier, vous aurez plus d'options, ce qui est généralement incroyable dans la construction de la richesse budgétaire.

CHAPITRE 3: COMPRENDRE LES HUIT MYTHES DE L'IMMOBILIER

Quand on interroge les gens sur l'investissement, il est souvent évident qu'au debut, ils ne perçoivent pas que l'anxiété ou l'incertitude est un travail formidable dans leur vie monétaire. Ils estiment que contribuer est essentiellement un choix scientifique qu'ils ont ou n'ont pas exploité. Bien qu'ils puissent reconnaître les avantages d'un investissement, ils ne peuvent pas légitimer exactement pourquoi ils ne font pas tout régulièrement ou de quelque manière que ce soit. Les meilleures récompenses liées à l'argent se trouveront probablement en dehors de leurs gammes de familiarité habituelles. C'est à ce moment-là qu'ils comprennent enfin que les sentiments d'anxiété et les questions minent leur certitude et leurs activités et qu'ils peuvent enfin créer une section novatrice entre eux et leurs fantasmes.

En fait, il existe la possibilité de distinguer huit de ces mythes restrictifs invoqués par les investisseurs potentiels pour devenir un spécialiste financier et investir en eux-mêmes. Tous ceux qui s'attendent à avoir une situation financière confortable vont les gérer à un moment ou à un autre. Du coup, ces questions ne partent sans personne d'autre; S'ils ne sont pas inspectés ou gérés, ils peuvent vous empêcher de devenir un investisseur extraordinaire. Les individus, en général, ont deux manières différentes de regarder n'importe quoi: la façon dont ils regardent la planète et la façon dont ils voient le monde et comment il fonctionne.

Vous réaliserez peut-être que votre impression sur la façon dont le monde fonctionne vous renseignerait sur son efficacité, bien que curieusement, ce ne soit pas le cas. L'image que vous avez de vous-même en tant que spécialiste financier devient le point central à travers lequel vous voyez l'univers de l'investissement, et cet autoportrait mental vous contrôlera ou vous trompera. Fait intéressant, tout expert qui a sur vous en tant que spécialiste financier, en général, amplifiera vos fausses hypothèses concernant l'investissement.

3.1 Mythe 1

Le nombre de personnes qui pensent ne pas devoir être des investisseurs l'emporte virtuellement. En général, cela se produit avec l'argument selon lequel ils acceptent délibérément ou inconsciemment que la voie vers la richesse liée à l'argent passe par la profession. Au cas où vous seriez semblable à moi et que vous croyez que la richesse monétaire est liée au fait d'avoir suffisamment de salaire non mérité pour financer votre mission vitale sans avoir à travailler, il y a de fortes chances pour que votre salaire actuel soit atteint et que le plan de fonds de placement ne soit pas suffisant pour construire de véritables richesses budgétaires. Il est très farfelu de penser que son activité génère un salaire suffisant pour lui permettre de réserver un niveau raisonnable et qu'à un taux d'intrigue normal, elle réalise toujours une véritable richesse liée à l'argent.

Sauver des gens qui garderaient de petites sommes d'argent dans des pots d'espresso, sous des matelas de couchage et des comptes de placement proches de la maison, confiants, à long terme, et certains qu'ils réaliseront des opportunités liées à l'argent. À une époque de plus en plus moderne, cet "épargnant discret" est devenu le "humble spécialiste financier".

En réalité, seul un petit nombre de personnes, probablement moins de 1%, gagnent un salaire suffisant dans votre entreprise pour obtenir une bonne situation monétaire. Je parle d'individus, par exemple, de concurrents généreusement rémunérés, de personnages à l'écran, d'artistes et de responsables. Le paiement inhabituel que ces personnes perçoivent est important au point qu'elles pourraient effectivement vivre avec une petite partie de leur salaire, verser le reste et même, avec des taux de rendement distincts, pour atteindre la richesse budgétaire. Le mot utilisable ici est pouvoir. Je suis constamment surpris par le nombre de ces créateurs à hauts salaires qui pensent qu'ils ne devraient pas être des spécialistes de la finance.

Je vous exhorte à examiner votre type d'emploi de manière inattendue. Votre activité est l'endroit où vous pouvez acquérir votre capital d'investissement sous-jacent, et un niveau de votre salaire devrait être consacré à l'augmentation de votre participation à l'investissement. Cependant, il préférerait ne pas l'assommer, l'incroyable spécialiste financier Sir John Templeton raconte comment son partenaire et lui vivaient avec si peu, soit avec 50% de leur salaire vers le début de leur vocation dans l'investissement. Ils se sont rendus compte qu'ils pouvaient bien vivre avec une petite partie du salaire dans leur unité familiale.

Dans un monde parfait, vous devriez jeter un coup d'œil à votre travail à cet égard: cela peut être une énergie qui vous rapporte en argent pour faire ce que vous voulez faire. Certains intérêts paient plus que d'autres, cependant, comme le montre l'histoire, ils paient rarement assez pour gagner de l'argent en rapport avec la liberté. Votre activité est votre activité. L'argent lié à la création de richesse est quelque chose de différent. Je pense que c'est ainsi que Sorenson l'a examiné et je lui demande instamment de faire quelque chose de très similaire. La grande majorité d'entre eux s'imaginent qu'obtenir de l'argent dans le métier et en économiser une partie ou rester dans le plan de retraite de l'organisation en fait des investisseurs. Cependant, il ne le pense pas ou pense que c'est assez proche pour ne pas être un spécialiste financier. C'est cette compréhension du mythe qui fait que beaucoup de gens ne deviennent pas de véritables spécialistes de la finance. Essayez de ne pas lui donner l'occasion que ce soit vous. Comprenez que quelle que soit votre activité ou votre travail, vous pouvez également être un investisseur. Il devrait se lever dans la première partie de la journée en se disant: "Je suis un investisseur. Je suis en train de bâtir une fortune budgétaire. C'est le jour où je vais découvrir une opportunité et élaborer un plan!".

3.2 Mythe 2

Il n'a aucune idée de ce dont il aura besoin ou besoin aujourd'hui. Vous ne pouvez pas anticiper ce que la vie offrira pour le meilleur ou pour le pire. Autant que vous essayez, vous ne pouvez pas prédire avec certitude les actifs que vous aurez à gérer et les vulnérabilités de la vie. Tout confondre sur la façon dont il faut investir pour développer de l'argent. La création de richesses liées à l'argent n'est pas une chose qui peut être pratiquée en mode de réponse. Il est extrêmement difficile de découvrir quelquechose de plus efficace puisque vous avez tous un besoin inattendu ou en avez besoin. Comme je l'ai dit depuis le début, le peu efficace vient efficacement, mais peu. Devenir un investisseur, c'est à dire quelqu'un qui cherche chaque jour à gagner de l'argent grâce à la construction de l'argent, est lié à la préparation de l'essentiel et du maximum tout au long de sa vie: l'essentiel budgétaire capricieux dont il pourrait avoir besoin et le maximum inattendu dont il pourrait avoir besoin. Si vous décidez de ne pas rechercher la richesse liée à l'argent, votre avenir sera probablement caractérisé par des décisions monétaires extrêmement contraignantes. Vous devrez peut-être vous battre pour répondre à vos besoins changeants ou vous débrouiller sans les choses que vous souhaitez, à long terme. À un moment de votre vie où vous devez gérer avec moins que vous ne pouvez espérer, vous devrez peut-être simplement le faire.

Pour commencer, il y a des gens qui (depuis qu'ils ont décidé de ne pas augmenter leur richesse monétaire) ont peu d'occasions de penser à eux-mêmes, à leurs amis et à leur famille. Deuxièmement, il y a des gens qui (puisqu'ils recherchaient une richesse liée à l'argent en tant que spécialistes financiers) ont beaucoup plus de chances de penser à eux-mêmes, à leurs amis et à leur famille, et à bien plus encore. C'est le contraste entre l'attention portée aux éléments essentiels que la vie peut exiger et l'accent mis sur les maxima que la vie peut offrir. Il s'agit du type de personne que vous devez être et de l'existence que vous devez mener.

3.3 Mythe 3

J'ai vraiment du mal avec ces lignes de raisonnement. Je ne comprends tout simplement pas pourquoi les gens semblent avoir besoin de faire le procès des efforts et des évaluations douteuses avant de vouloir essayer. En ce qui vous concerne, il n'y a aucune chance que vous, ou qui que ce soit d'autre, connaissiez votre potentiel monétaire réel. En outre, étant donné que son propre potentiel en argent réel est obscur a l'air mauvais, dans la mesure du possible: "Je ne peux pas le faire" devient une autre base pour ne pas essayer, ne pas prolonger, ne pas explorer son potentiel. Certaines personnes m'ont révélé qu'elles préféraient ne pas se préparer à la déception. L'incongruité déchirante est que la population en général, qui préfère ne pas accepter l'insatisfaction en mettant tout en jeu, est celle qui est extrêmement condamnée à la déception. Lorsqu'il est confronté à la possibilité qu'il ne peut pas atteindre la richesse liée à l'argent, il est sur le point de perdre son inquiétude, de négocier et, à la fin, de regretter.

Autant que je sache, il existe fondamentalement deux manières différentes par lesquelles les gens perçoivent leur potentiel lié à l'argent. Il y a des gens qui pensent à ce qui est vraisemblablement monétaire et à ceux qui pensent à ce qui est concevable financièrement. Les universitaires de probabilité fondent leur perspective sur le fait que leur avenir soit budgétaire sur leur histoire et leurs compétences actuelles. Ils se disent: "Compte tenu de l'identité individuelle et de mon identité, il est fort probable que c'est ce que je pourrai réaliser financièrement plus tard." Ils utilisent des mots, par exemple, raisonnables et probables lorsqu'ils examinent leur potentiel lié à l'argent. Par conséquent, quand on leur donne une autre porte ouverte qui ne tient pas compte des hypothèses concernant leur potentiel lié à l'argent, ils en déduisent souvent qu'ils "ne peuvent fondamentalement pas". Pour eux, leur avenir budgétaire est résolu, ce n'est pas surprenant et finalement statique.

On peut penser que les résultats académiques, curieusement, articulent les mots "je ne peux pas le faire" rarement. Ils mettent de côté toute réflexion restrictive qu'ils pourraient avoir sur leur potentiel financier et fondent leur perspective sur le fait que leur avenir est budgétaire et sur ce qu'ils imaginent être en mesure de réaliser. De plus, ils utilisent un vocabulaire extraordinaire en général, leur potentiel est représenté quant à ce qui est "possible", ce qui est "crédible" et ce qui est "concevable". Ils se disent: "Je rêve de ce que je devrais être. Compte tenu de ce que je peux devenir, voici ce que je peux réaliser financièrement." Ils considèrent qu'ils peuvent avoir besoin d'adopter de nouvelles choses, d'acquérir de nouvelles compétences ou de modifier leur propension à atteindre leur potentiel monétaire maximal. Pour eux, leur avenir budgétaire est adaptable, dynamique et enfin vivant.

Quand les gens s'aventurent à considérer la vraisemblance et d'être convaincus de pouvoir atteindre une richesse budgétaire, ils observent souvent une disposition des inconvénients totalement différente. Ils sont rapidement devenus certains qu'ils auraient besoin de plus de temps, d'argent et d'informations sur les investissements qu'ils n'ont actuellement ou ne pourraient obtenir efficacement. Ils pensent que des choses comme "le point de non-retour est passé, je n'ai pas assez d'opportunités", "c'est extrêmement improbable; je n'ai tout simplement pas assez d'argent pour commencer à investir" ou "si j'en ai l'occasion, cependant, je ne sais pas quoi faire, De plus, je ne suis qu'un mauvais souvenir avec de l'argent. " Ce que ces gens ne comprennent pas, c'est que les choses les plus énormes commencent petit à petit.

Alors que beaucoup de gens pensent à tort qu'ils ont besoin d'une grande quantité de chacun des trois, ils en ont vraiment besoin: des capacités adéquates, de l'énergie bien investie et de l'argent bien placé. Après cela, ils peuvent accélérer leur développement en tant que spécialiste financier en choisissant un domaine à développer. Ils peuvent s'efforcer d'accroître leur capacité (lecture, ateliers ou guides), en leur accordant du temps supplémentaire ou en obtenant plus d'argent.

Son auto-évaluation dans ces trois territoires oriente régulièrement sa méthodologie. Les personnes qui ont l'avantage de gagner du temps mais dont les ressources financières sont limitées peuvent se concentrer sur l'intensification de leur capacité à réaliser des progrès plus importants. En outre, ils peuvent gagner de la valeur en effectuant une grande partie du travail en recrutant différents spécialistes financiers. Au contraire, les investisseurs disposant progressivement d'actifs liés à l'argent et disposant de moins de temps peuvent faire appel à des spécialistes et des travailleurs temporaires pour compenser leur manque de temps. Le temps et l'argent sont souvent étroitement associés; à ce moment-là, il peut être utilisé pour acquérir de l'argent et l'argent peut être investi pour acheter de l'énergie.

3.4 Mythe 4

Investir est déroutant. Quoi qu'il en soit, pour être raisonnable, presque tout, pris ensemble, peut sembler plus déroutant qu'il ne l'est réellement. Tout ce que vous devez savoir, ce sont les principes fondamentaux de la rue et la conduite à tenir. Investir, c'est pareil. Essayez de vous aventurer en arrière et de reconnaître les angles qu'ils génèrent le plus.

Sur le plan fonctionnel, ce dont je suis sûr, c'est que vous n'avez jamais besoin de tout savoir pour accomplir quelque chose. Vous devez simplement connaître les bonnes activités en une minute au hasard. Après un certain temps, si vous avez suffisamment d'opportunités d'étudier et d'expérimenter quelque chose, vous comprendrez généralement et logiquement tout ce que vous devez savoir pour bien le faire. C'est ainsi qu'il devient spécialiste. L'investissement dans la terre est le même. Lorsque vous apprenez des choses sur une application correcte, votre vision deviendra plus efficace et plus rapide.

3.5 Mythe 5

L'un des exercices extraordinaires que j'ai découvert sur l'investissement est le suivant: investir dans ce que vous n'avez pas, l'idée vague de comprendre, c'est ne pas investir de quelque façon que ce soit. Faire cela s'apparente à se diriger dans l'obscurité, et vous aurez besoin du karma pour toucher quelque chose de bénéfique, bien moins que l'objectif visé. Pour moi, la véritable idée d'investir est fiable pour mettre des ressources dans ce que vous savez et les obtenir complètement. Choisissez un territoire que vous connaissez vraiment ou qui vous intéresse incroyablement et où vous vous abonnez pour devenir un spécialiste après un certain temps.

Voici un investisseur qui adhère pleinement à vos critères, quel que soit son avantage évident. Je vous exhorte à faire quelque chose de très similaire. Si vous ne possédez pas d'informations particulières, choisissez un territoire et commencez à vous adapter dès aujourd'hui. Je pense que vous découvrirez qu'investir dans les terres est l'un des secteur d'investissement le plus simple pour acquérir une connaissance et une compréhension de l'expertise.

3.6 Mythe 6

Au cas où vous regarderiez "contribuer" dans le dictionnaire, voici ce que vous découvrirez: "Contribuez: envoyez (en espèces ou en capital) pour obtenir un retour monétaire". Vous verrez que le "danger" n'apparaît nulle part dans la définition. Pourquoi. Étant donné qu'un danger est quelque chose que les individus transmettent à l'idée d'investir. Je préférerais ne pas sembler optimiste, mais les investisseurs vraiment extraordinaires ne considèrent pas qu'investir soit dangereux. Pour eux, ce n'est pas lié au fait d'ignorer le danger; il est plutôt lié aux normes et modèles d'investissement suivants.

La plupart du temps, cela signifie acheter quelque chose de valeur significative pour des conditions qui vous seront rapidement bénéfiques. En ce sens, les investisseurs concluent l'accord lorsqu'ils se rendent compte qu'ils n'ont pas besoin de se préoccuper du marché pour les protéger. Ce sont les bonnes affaires. Investir en tant qu'investisseur immobilier n'est pas lié au fait de quitter une succursale. Cela est lié à des critères solides, à la persistance à trouver la bonne opportunité et à la volonté de faire le bon choix rapidement. Les meilleurs spécialistes financiers le savent et s'engagent à suivre cette recette. Par conséquent, ils limitent continuellement leur danger tout en amplifiant leur arrivée.

Investir ne peut jamais être totalement sans risque, cependant, vous n'avez pas besoin de vous sentir dans l'insécurité.

3.7 Mythe 7

Le timing est tout. Cependant, à ce stade, ignorez-le, car vous ne pouvez vraiment pas chronométrer. Le temps se démarque parmi les idées les plus mal comprises en matière d'investissement. Au moment où les gens prétendent que la planification est utile, ils ont raison. Le temps n'est pas seulement significatif; C'est fondamental pour la réalisation de l'investissement. L'économie a une tendance. Les marchés sont modélisés. De plus, les ouvertures d'achat et de vente se font par le mouvement aller-retour des cycles. Trouver le meilleur moment pour acheter ou vendre s'appelle le temps. Ce qui est mal compris, c'est la façon dont le temps est vraiment cultivé. La grande majorité envisage une perception dynamique: ils restent à l'écart et restent fermes au moment où ils doivent rebondir et bouger. C'est une méthodologie dynamique non impliquée et plus tard. En fin de compte, le temps est lié à la réceptivité aux circonstances. Cependant, la planification est liée au fait d'être dynamique, constamment dynamique.

J'espère que, de loin, la plupart des possibilités ne peuvent être vues de côté: il faut faire le détour. Les meilleurs arrangements proviennent des meilleures opportunités et les meilleures portes ouvertes vont vite. C'est l'endroit d'où vient l'expression "une ouverture fatidique". Les investisseurs perçoivent et piègent ces portes ouvertes, car ils sont constamment occupés par le plaisir et proches de l'activité.

Une planification fructueuse devient envisageable à cause du temps investi dans la tâche énergétique. Vous devez garder votre piège dans l'eau. Être dynamique et attiré ne signifie pas que vous achetez et vendez continuellement. Cela signifie que vous examinez vos critères de manière fiable, en prenant garde au moment opportun. C'est ce que je veux dire quand je dis que la planification découvre. Vous ne pouvez jamais réaliser le meilleur moment pour agir, à l'exception de certains moments ultérieurs. Connaître le passé est, comme indiqué, 20/20. Il est préférable de voir les choses ainsi: chaque fois qu'une porte ouverte répond exactement à vos critères et que vous agissez, vous avez planifié le marché de manière efficace. Le temps n'est pas lié au fait d'être à l'endroit idéal au moment idéal; C'est lié au fait d'être constamment à la place idéale.

3.8 Mythe 8
Reste garanti: tous les investissements judicieux seront pris. La principale question est de savoir par qui. Aussi simple que cela puisse paraître, en réalité, ce sont ceux qui

les prennent qui comprennent le mieux les conditions qui les constituent. Par coïncidence, il s'agit de l'autre côté et de moins en moins prétentieux de la question de la planification. Bien que la légende récemment examinée soit liée à la synchronisation des marchés, cette fantaisie tend à la planification en tant qu'investisseur. Il me semble qu'il y a maintenant quelques occasions que j'ai eu l'occasion de découvrir. "Je comprends ce qu'ils disent, et il y a extrêmement deux enjeux: la possibilité qu'il n'y ait pas de nombreux arrangements et la possibilité que le moment où il est possible de les obtenir soit passé. C'est ce que je pense des pouvoirs du marché et comment ils ouvrent leurs investissements Il y a deux pouvoirs principaux au travail : le financier et l'individu, et ils sont constamment présents, de manière fiable au travail et cela affecte en permanence le centre commercial. Les pouvoirs financiers fondamentaux apparaissent tels que, par exemple, développement du travail, taux de crédit, mouvements de population et rajeunissement de la región. Ce sont les choses que la grande majorité considère quand elles pensent aux pouvoirs qui créent des ouvertures d'investissement. Ce qui est régulièrement négligé, en tout cas, est seconde disposition de puissances humaines ou individuelles constamment présentes et pouvant offrir de grandes opportunités d'investissement supplémentaires. Certains émergent de conditions positives, telles que le mouvement, le mariage et le développement de la famille. D'autres émergent de conditions négatives, telles que la séparation, la mort et l'obligation. Autant que je sache, les personnes qui proclament que tous les grands arrangements sont pris négligent souvent ce second arrangement de puissances humaines et les nouvelles portes ouvertes qu'elles ouvrent.

Ce que j'ai le plus besoin de comprendre, c'est que les portes ouvertes sont fiables dans tous les marchés et sans faute. Parfois, il y en a beaucoup, et parfois, certainement pas. Certaines portes ouvertes sont une conséquence de pouvoirs monétaires clairs. D'autres sont l'effet secondaire de pouvoirs individuels proches et accidentels. De plus, le point de non-retour n'a jamais été dépassé. Puisque les pouvoirs individuels fonctionnent de manière fiable, ces portes ouvertes sont toujours faites. Les arrangements d'hier ont été pris en toute sécurité, mais pas ceux de demain. Ils ne sont pas non plus obligés d'aller en conséquence à une autre personne. En tout cas, quelqu'un les prendra avec le temps, et j'ai besoin que vous compreniez que ce quelqu'un pourrait être vous. Il s'agit d'une série de dissimulations et de recherches, et au cas où vous le choisiriez, c'est actuellement "ça" et vous devriez le chercher. Les portes ouvertes n'existent que pour les personnes qui les acceptent. Le point de non-retour n'est passé que si vous acceptez que le point de non-retour soit passé.

Après tout, permettez-moi de vous inviter à croire que tout va bien commencer dans peu de temps. Au moment où beaucoup de gens pensent à investir en partant de rien, il n'est pas extraordinaire pour eux de penser: « Cela me prendra toujours une vie pour que mes investissements s'ajoutent à quelque chose». Lorsqu'ils pensent à leur premier investissement, la grande majorité pense qu'il est difficile de légitimer le temps, l'argent et les efforts nécessaires pour réaliser des bénéfices. Il peut sembler frénétique de chercher autant pour un immeuble de placement afin qu'il puisse générer quelques centaines de dollars par mois. Ces avantages momentanés ne semblent tout simplement pas ajuster les pénitences transitoires.

Je vous exhorte vivement à aller au-delà de ce raisonnement transitoire et à jeter un regard sur les principales ramifications des petits investissements. Ce qu'il faut comprendre, c'est qu'il existe un développement caractéristique qui sert aussi de force. Pensez à une balle qui se déplace en descente puis qui saisit masse et vitesse au fur et à mesure. C'est ce que nous appelons normalement l'impact de la boule de neige. Bien qu'il puisse commencer peu ou modérément, il finit par devenir très volumineux et rapide. De même, l'argent, une fois versé, a sa propre force, et le nom spécialisé utilisé est "exacerber". Ce qui commence peu et se développe acquiert progressivement de la taille et de la vitesse après un certain temps.

Tout type d'investissement consiste à donner à votre argent quelque chose à faire et à vous donner la possibilité de travailler pour vous après un certain temps. L'investissement dans la terre est le même. Ce qui le reconnaît d'après différents investissements, c'est que la première estimation de son avantage en général sera substantielle et, grâce au charme de l'influence, elle peut être achetée à moindre coût. Par exemple, si vous achetiez une maison de placement de 100 000 USD chaque année en payant 10 000 USD et en réalisant un taux de profit distinct de 5% pour l'estimation des avantages totaux, vous seriez un magnat en moins de 10 ans. Chaque avantage que vous ajoutez à votre portefeuille développe votre portefeuille. Au fur et à mesure que leurs investissements se développent, leur pouvoir d'achat et leur apprentissage de l'investissement se développent. C'est la mise en place d'investissements majeurs et en expansion régulière.

Quelle que soit votre position actuelle, la richesse monétaire vous est accessible. Indépendamment du montant minimum de dépenses ou d'informations que vous avez au départ, une fermeture incroyable est réalisable pour vous. Essayez de commencer, puis laissez l'intensité du développement vous mener plus haut. Les voyages plus longs ne sont qu'une somme de petites avances; Les structures les plus hautes sont travaillées en plaçant la fondation sur la base. Si vous êtes prêt à franchir une nouvelle étape dans votre aventure vers la richesse budgétaire, si vous pensez que cela est concevable et plausible pour vous, c'est une occasion idéale d'abandonner votre compréhension des mythes, de tourner la page et de commencer. Enfin avoir une perspective similaire à celle d'un investisseur immobilier.

CHAPITRE 4 : MODÈLES IMMOBILIERS

4.1 Le modèle financier

En investissant dans la terre, il existe deux manières de créer de la richesse budgétaire. Je me rends compte que cela semble excessivement basique, cependant, c'est valable : il n'y en a que deux. Dans ces deux domaines, il existe d'énormes variables pouvant donner la présence d'une nature multiforme à multiples facettes. En utilisant ces différentes alternatives, vous pouvez rendre l'investissement foncier aussi complexe que nécessaire. Ils commencent généralement par les bases et travaillent à partir de là. Lorsqu'il comprend véritablement les deux moteurs essentiels de la richesse monétaire, il commence à voir les principales ouvertures qu'elles présentent et la capacité de les exploiter. Dans le cas où il ressemble à moi-même ou à l'un de nos investisseurs immobiliers millionnaires, c'est à ce moment-là qu'il se dynamise vraiment. C'est l'intensité de ce modèle lié à l'argent: il vous aide et vous inspire. L'accumulation de capital et la croissance des flux de trésorerie sont les deux moyens pour réaliser un profit sur les investissements fonciers, les deux moteurs de la richesse monétaire. Ils peuvent se produire en même temps, vous pouvez donc bénéficier des deux en même temps. L'accumulation de valeur accroît le total de ses actifs en ressources foncières, tandis que la croissance des flux de trésorerie génère une augmentation salariale non méritée. Vous pouvez vivre de ce salaire ou le réinvestir en réduisant vos obligations ou en vous procurant plus de terres. Si vous gardez votre argent en jeu en réinvestissant le flux de trésorerie, vous accélérez l'accumulation de capital et, par conséquent, le développement de votre propre actif total. N'oubliez pas que votre richesse totale est la proportion de votre prospérité : votre score au tour de la création de la richesse budgétaire.

4.1.1 Développement de l'équité

Lorsque vous observez attentivement l'accumulation de capital avec attention, vous découvrez qu'elle a deux origines: l'appréciation de la valeur et le paiement des obligations. Si vous le faites bien, votre investissement dans la terre commencera immédiatement avec un avantage de valeur. Cela implique que votre premier versement (investissement) en plus de l'avance de prêt hypothécaire que vous avez acquise (dette), lorsqu'il est inclus, ne correspondra plus exactement à la valeur pour laquelle vous pourriez vendre le bien (valeur marchande). Cette distinction est sa valeur dans la propriété.

Au bout d'un certain temps, lors de la location du bien immobilier, les deux pouvoirs caractéristiques de reconnaissance des coûts et de paiement des obligations coopèrent pour renforcer leur valeur. Clairement, si l'estimation du marché augmente, sa valeur dans la propriété augmente; Cependant, il augmente également compte tenu du fait que le prêt hypothécaire élimine l'obligation. Chaque commission régulière que vous versez diminue le montant que vous devez à l'avance. Par conséquent, à mesure que l'obligation de prêt hypothécaire diminue pendant la durée de l'avance (30 ans, 15 ans, etc.), sa valeur augmente de manière fiable.

Nous devrions prendre un exemple réel pour cette procédure. Dans le cas où il aurait investi des ressources dans une propriété privée payante en 1988 au coût moyen d'une maison d'environ 90 000 dollars, après 15 ans, en 2003, il aurait coûté près de 170 000 dollars. L'appréciation de la valeur aurait été de 81 000 $. En outre, il aurait satisfait à l'emprunt hypothécaire et, à cet égard, aurait acquitté son obligation.

Ce compte de paiement des obligations nécessite une réflexion approfondie. Pour commencer, il s'attend à ce qu'il ait acquis la propriété à 20% de moins que l'estimation du marché (90 000 $, 20% à 72 000 $); deuxièmement, il accepte de payer des frais initiaux de 20% (20% 72 000 $ = 14 400 $).

Cela signifie qu'il aurait obtenu une avance de prêt hypothécaire de 57 600 $ (72 000 $ 14 400 $ = 57 600 $). En effectuant vos acomptes de mois en mois, garantis par le salaire de location de ses habitants, vous satisferez un peu à la parité de crédit en attente et, en ce sens, vous payez votre obligation immobilière. Lorsque vous payez l'obligation, sa valeur augmente. Dans ce modèle authentique, avec un prêt de 57 600 dollars et un contrat moyen de 30 ans, au milieu de ces 15 années, il aurait payé l'obligation anticipée à 43 334 dollars et, par conséquent, augmenté la valeur ajoutée de 14 266 dollars. Plus l'avance est courte, plus le paiement de l'obligation sera respecté. Dans le précédent que nous utilisons, un prêt hypothécaire de 15 ans aurait payé l'obligation à 0 $ et, par conséquent, aurait augmenté la valeur dans la totalité de l'avance de 57 600 $.

Ce qui rend le modèle financier de Millionaire Real Estate Investor si attrayant, c'est l'effet conjugué de chacune de ces composantes. C'est ici que l'on découvre pleinement l'influence de la terre pour créer une richesse budgétaire. Dans l'investissement que nous avons décomposé, c'est le moyen par lequel tout comprend: Votre investissement de 14 400 dollars en 1988 a été transformé en une valeur de plus de 128 506 dollars en seulement 15 ans. Cela équivaudrait à mettre votre solde de 14 400 dollars dans un solde financier en payant un taux de prêt annuel majoré de 15,7%. Si j'avais utilisé un contrat de 15 ans au lieu d'un contrat de 30 ans, sa valeur aurait atteint plus de 171 840 $. Cela ressemble à un coût de prêt annuel augmenté de 17,9%. En tout cas, il s'agit d'un taux de rendement remarquable et vous ne l'obtiendrez pas dans une banque. En outre, ces rendements surprenants ne reflètent pas ce qui se passe lorsque la croissance des flux de trésorerie est prise en compte.

4.1.2 Développement de trésorerie

Dans la même catégorie que l'accumulation de capital, il y a encore beaucoup de choses à découvrir. L'avantage supplémentaire de la croissance des flux de trésorerie doit être pris en compte. Le cash-flow net provient d'un investissement foncier lorsque le salaire de location que vous touchez est supérieur aux coûts qu'il génère. Les dépenses comprennent leurs coûts, une récompense pour l'ouverture et l'administration des obligations. Pour l'instant, indiquez simplement que si vous le faites bien, vous le comptez admirablement et maîtrisez vos coûts, vous pouvez obtenir un cash-flow net positif. Au fur et à mesure que les revenus augmentent en valeur avec le temps, les revenus vont se développer. Lorsque l'avance est atteinte, le cash-flow net se développe considérablement compte tenu du fait que votre quota de crédit contractuel mensuel diminue. Dans le cas de l'immeuble de placement acheté pour 90 000 $ en 1988, nous aurions pu raisonnablement obtenir, au cours des 15 années, un flux de trésorerie net total compris entre 18 000 et 34 000 $. En 2004, notre seizième année de possession, le flux de trésorerie annuel net de la propriété serait d'environ 4 600 $ avec le contrat de 30 ans. En raison du prêt de 15 ans, puisque nous serions satisfaits, notre flux de trésorerie annuel net passerait à plus de 9 400 $.

4.1.3 Le voyage financier

Et si nous percevions comment les nombres se développent? Que se passe-t-il lorsque vous effectuez de nombreux investissements fonciers pendant plusieurs années? L'approche la plus claire consiste à suivre le chemin d'un investisseur immobilier qui a commencé à cotiser il y a quelques années, puis à observer ce qui aurait pu se passer avec ces investissements. Et si nous commencions en 1983, nous surveillons les progrès de plus de 20 ans et observons comment évoluent les chiffres, à la fois l'accumulation de capital et la croissance des flux de trésorerie? Ce regard pluriannuel sur le modèle financier racontera une anecdote sur le parcours de quelqu'un qui a commencé à investir dans ses terres en 1983. Pour l'histoire, supposons que cet individu soit vous. Avec vous en tant qu'investisseur foncier modèle, nous verrons ce qu'il a fait pendant plus de 20 ans et comment cela s'est passé. Nous découvrirons comment il a eu l'option de transformer un investissement sous-jacent de 11 248 dollars en une position de valeur supérieure à 1,6 million de dollars et un revenu net annuel de plus de 50 000 dollars. Comment a-t-il pu faire cela de 1983 à 2002? C'est une histoire intéressante et révélatrice : un parcours pratique et stimulant pour créer de la richesse budgétaire. C'est le conte de devenir un investisseur immobilier.

Tout a commencé quand il a cherché l'exhortation sournoise de son tuteur à "faire en sorte que ce soit approprié". Sur la base de ces conseils, chacun des 15 investissements qu'il a réalisés au cours de ces 20 années a été placé dans le "centre de marché", à peu près au coût moyen du logement, acquis à 20% de la valeur marchande. Son premier investissement en 1983 a coûté 70 300 dollars aux États-Unis. Vous avez payé 56 240 $ pour la propriété, versé 11 248 $ (20%) à titre de frais initiaux et financé les 44 992 $ restants par un emprunt contractuel de 30 ans. Cela est devenu sa recette de base: valeur moyenne, 20% de réduction, 20% de réduction et une avance de 30 ans. Il est resté conforme à cette recette démontrée pour les 20 prochaines années. Il s'est rendu compte que si les coûts des terrains et des baux sont comptabilisés en moyenne à peu près 5% par an au fil du temps et dans le cas improbable où il aurait utilisé le meilleur financement accessible (à un coût environ 7,4% du prêt enregistré) et conservé son coût autour de 40% de ses loyers, sa valeur serait construite et son revenu net. En fait, il prévoyait que son premier immeuble de placement absolu aurait, après 20 ans, une estimation de marché supérieure à 180 000 $ et que sa valeur dans cet immeuble dépasserait 160 000 $.

Il avait raison, c'est vraiment ce qui s'est passé. En tout cas, ce n'était que le début pour vous. Votre guide vous a informé de l'intensité aggravante de certains investissements fonciers après un certain temps. Il a dit qu'il augmenterait de manière exponentielle son actif total et son revenu facile. De cette façon, il a continué à investir dans le monde avec prudence mais de manière fiable. Étant raisonnable et nécessitant du temps pour accumuler des fonds de réserve, il a effectué son deuxième investissement deux ans après les faits en 1985. Le coût moyen s'élevait à 75 500 $ et, avec son ordonnance, et un rabais de 20%, il a acquis la propriété moyennant des frais initiaux de 12 080 $ et financé à hauteur de 48 320 $ par un emprunt supplémentaire de 30 ans. Il a continué à mettre à jour sa technique d'investissement foncier en économisant en silence une partie de son salaire et en recherchant efficacement une opportunité. Il souhaitait investir des ressources dans une autre propriété privée, telle qu'une horloge, achetant sa troisième propriété en 1987, la quatrième en 1989 et la cinquième en 1991. Ainsi, en seulement 10 ans, il possédait cinq propriétés.

Il avait placé 67 960 $ de ses fonds de réserve dans cinq maisons d'une valeur supérieure à 537 000 $, et sa valeur avait atteint plus de 280 000 $. Son revenu annuel net était auparavant supérieur à 6 800 dollars, soit la majeure partie de ce qu'il avait investi dans sa première maison. Il s'est rendu compte qu'il pourrait utiliser ce revenu pour sa prochaine acquisition. La vérité est que, puisqu'il a accumulé plus de 33 297 $ de revenu net au cours des 10 premières années, il pouvait maintenant, dans le cas qu'il choisissait, effectuer tous ses achats annuels futurs de ce revenu global. Cet argent, ajouté à votre revenu annuel progressif, répartirait tous vos acomptes futurs!

Actuellement, son histoire commence vraiment à être stimulante. Fort de sa forte valeur et de son revenu annuel en expansion, il a commencé en 1993 à sécuriser des immeubles de placement chaque année pour les 10 prochaines années. Ainsi, avant la fin de 2002, sa vingtième année en tant qu'investisseur foncier, il possédait 15 propriétés privées et payantes. Ils ont une estimation de marché consolidée de plus de

2,5 millions de dollars et une valeur de développement supérieure à 1,6 million de dollars. Il est devenu investisseur immobilier millionnaire avec seulement 15 acquisitions "réussies" en seulement 20 ans. En fait, il est vraiment devenu un nabab de l'actif total trois ans auparavant, en 1999, avec les 12 propriétés qu'il revendiquait à l'époque.

Malgré une valeur de 1,6 million de dollars à la fin de 2002, il aurait généré plus de 303 000 dollars de recettes. Tous ces revenus auraient pu être utilisés pour effectuer des investissements continus dans des terrains ou pour compenser leurs avances, en modifiant directement les revenus en valeur. Se souvenant de ses 20 dernières années, il comprend qu'il a transformé ses avances de 271 800 dollars en un investissement de plus de 1,9 million de dollars. Si il investissait davantage au cours des cinq prochaines années, ces 15 propriétés auraient une valeur de près de 3,3 millions de dollars et une valeur supérieure à 2,4 millions de dollars. Pour vraiment adoucir la transaction, votre revenu net annuel serait de près de 90 000 $. Ce n'est pas horrible: 25 ans, 15 propriétés, un actif total de 2,4 millions de dollars et un revenu annuel de 90 000 $.

Comme il devrait être évident, ces investisseurs ont une estimation de marché moyenne de 3,7 millions de dollars pour leurs immeubles de placement, une position en valeur de 1,5 million de dollars et un revenu net annuel de 85 000 $. Nos 20 années d'investissement, avec 15 acquisitions effectuées entre 1983 et 2002, ont généré une valeur de 1,6 million de dollars (essentiellement impossible à distinguer dans le cas de Millionaire Real Estate Investors), avec une estimation de marché de 2,6 millions de dollars (un million de dollars exactement). Ceux que nous avons rencontrés) et une année de revenus de 50 500 $ (de la même manière, ce ne sont pas exactement nos magnats de la terre). Les investisseurs immobiliers que nous avons rencontrés avaient également davantage d'obligations dans leurs investissements (60% contre 38% dans notre histoire). Sans aucun doute, ils achètent des propriétés plus grandes, probablement multi-familiales, et créent plus d'obligations mais des revenus plus importants. Nous sommes de plus en plus conscients et peut-être modérés dans l'application de ce modèle monétaire.

4.2 Le modèle de réseau

Personne ne prévaut sans personne d'autre, pas elle-même, absolument personne. Derrière chaque exemple de surmonter l'adversité se cache un autre exemple qui surmonte l'adversité; Derrière chaque individu efficace se cache un individu tout aussi fructueux. Bien que le terme indépendant soit utilisé régulièrement, la certitude implicite est que personne n'est indépendant, qu'il soit organique, profond, physique, réel, expert ou monétaire. De cette façon, jetez un coup d'œil et découvrez-le:

les investisseurs millionnaires ne s'imposent pas sans l'aide des autres. Pour chaque investisseur immobilier que vous connaissez, il y a un rassemblement de personnes qui travaillent en dehors de la chambre qui vous ont aidé à créer ou à accroître votre prospérité. Il s'agit du réseau Tycoon, une réunion d'individus délibérément sélectionnés, qui assument chacun un rôle essentiel dans le succès de l'investisseur immobilier millionnaire. Les investisseurs ne pourraient pas triompher sans cette réunion. Vous ne le pouvez pas non plus. Un réseau d'investisseurs immobiliers est une réunion interconnectée de personnes qui ont trois choses en commun : elles effectuent un travail compétent dans le domaine des investissements fonciers, elles sont les meilleures dans ce qu'elles font et sont désireuses de vous aider lorsque vous avez besoin d'aide.

Essayez de ne pas confondre cela avec votre réseau de guides. Ceci est votre réseau.

Même si, au bout d'un moment, vous vous adressez à ces personnes à la recherche de clients potentiels et que vous vous efforcez de les intégrer à votre réseau de clients potentiels, ce n'est pas votre explication essentielle de la structure de votre réseau de travail. C'est la population générale qui fournit exhortation, direction, ruse, données, orientation, connaissances, information, mentorat, procédure, conseil, contacts, associations, impulsions, autorité, influence et travail. Certains donnent en outre aux forces syndicales en cas de besoin et à des contributions équitables même s'ils n'en ont pas besoin Ce réseau de travail vous appartient et constitue la principale richesse qui construit une relation avec les autres. C'est l'endroit où vous allez découvrir chacune des populations en général que vous devez découvrir, acquérir une compétence avec chacune des choses que vous devez connaître et compléter avec chacune des choses que vous devez compléter. En termes simples, votre réseau de travail est votre aide à l'investissement.

Dans tous les cas, soyez prudent: ce n'est pas simplement quelqu'un qui doit vous sauver la vie. Si vous avez un fantasme, vous aurez besoin d'un groupe de fantasy. Si vous avez un rêve important, vous aurez besoin d'un groupe important de rêves. Si vous avez un rêve important et innovant de réaliser une richesse liée à l'argent par le biais d'investissements fonciers, vous aurez besoin d'un groupe de rêve important et innovant pour le réaliser. Vous avez besoin d'individus, idéaux, qui vous permettent d'obtenir ce dont vous avez besoin. Si vous devez devenir un investisseur immobilier millionnaire, vous devez participer à un rassemblement novateur d'individus, un groupe de fantasy, afin que chacun puisse occuper les bons postes aux bonnes occasions afin qu'il puisse remplir son budget de rêve. Vous avez besoin de votre propre réseau d'investissement de terres de magnats.

Les personnes de votre réseau vous donneront une grande variété de choses importantes et interdépendantes. Ils vous aideront du début à la fin de vos échanges. Ils vous éclaireront et vous exhorteront sur ce qu'il faut faire et ne pas faire. Ils donneront le "meilleur travail" au "meilleur coût" au "meilleur moment". Ils seront là quand vous en aurez vraiment besoin et pas plus tard.

Si vous n'avez pas de réseau de travail, vous travaillerez seul. De plus, si vous avez besoin de quelqu'un, vous devriez prendre la personne que vous pouvez avoir à ce moment-là. Vous ne saurez pas si vous obtenez le meilleur conseil, le meilleur travail, le meilleur coût ou le meilleur temps. Vous saurez simplement que c'est absolument nécessaire et que vous ne pouvez le faire sans quelqu'un d'autre. Équilibrez cela avec la configuration préalable de ce réseau. Vous saurez ce qu'il y a de mieux, vous reconnaîtrez ce qu'ils facturent, vous saurez quand ils peuvent le faire et vous vous rendrez compte que vous pouvez leur faire confiance. Ce sera vers le front des bonnes élections plutôt que vers le dos des urgentes. Vous obtiendrez ce dont vous avez besoin quand vous en avez besoin. Vous aurez la possibilité de choisir rapidement des options incroyables compte tenu du fait que vous n'aurez pas à revenir en arrière pour rechercher des personnes.

La raison pour laquelle ils agissent ainsi est motivée par un sens commun et une explication logique de la raison pour laquelle cela fonctionne. Ils s'entourent d'individus extraordinaires, car ils entendent devenir des investisseurs incroyables qui prévoient de conclure plus d'un accord. Ils ont l'intention de copier leur prospérité plusieurs fois après un certain temps. Pour ce faire, ils doivent réunir de manière efficace, intentionnelle et spécifique des relations de travail extraordinaires qui ont une grande portée et qui sont utiles en général. Ils ont un impact sur eux-mêmes au milieu. Les magnats ne recherchent pas seulement des gens puissants, ils deviennent convaincants.

Il y a une motivation logique derrière pourquoi cela fonctionne. Lorsque vous créez vos propres cercles d'impact, vous attirez réellement les gens vers vous et vos objectifs. C'est avoir un vrai pouvoir sur la nature. C'est ce qu'on appelle un pouvoir centripète. Le mot centripète vient du latin «chasser le foyer» et désigne tout pouvoir qui coordonne des objets vers le point focal d'un cercle. Dans leur réalité, les investisseurs immobiliers millionnaires constituent un grand pouvoir. À propos, ils attirent des personnes parfaites dans leurs cercles d'impact et les forcent à s'approcher d'eux. Ils sont un point focal d'impact.

Dans cette perspective, nous avons deux choses à faire: visualisez-vous entouré d'individus incroyables et commencez à courir dans les bons cercles pour les dessiner et les entretenir. Lorsque vous aurez une idée claire des besoins de votre vie monétaire, vous saurez clairement avec qui vous devrez vous entourer et ce que vous devrez faire pour attirer ces personnes. Nous avons besoin de vous pour être délibéré dans vos relations de travail et ne jamais régler.

4.2.1 Votre cercle intime
Votre cercle intérieur est composé de personnes clés totalement préoccupées par vos réalisations budgétaires. Sans incertitudes, mais pas à cet égard, ils sont centrés sur vous. Ceci est la population générale la plus proche de vous; la réunion choisie en laquelle vous avez le plus

confiance. Chacun d'entre eux devrait avoir plus d'apprentissage que de connaissances en investissement, de connaissances et de réalisations, et être heureux de vous former et de vous guider. Considérez-les comme votre adresse informelle pour la constitution de richesse et les options d'investissement foncier: votre propre cerveau millionnaire. Ce qui isole les personnes de votre cercle intérieur vis-à-vis de toute autre personne n'est pas la chose la plus importante pour vous de façon experte, mais ce qu'elles réalisent pour vous peu à peu. Si vous ne savez pas quoi faire, vous serez informé ou découvert par quelqu'un qui peut le faire. Si vous avez besoin d'aide, ils vous la fourniront ou vous contacteront avec une personne qui en a besoin. Si vous avez besoin d'un complice, il le deviendra ou le découvrira. Cette capacité à faire un effort particulier pour vous fournir initiative et soutien les démantèle près de chez vous, dans votre cercle intérieur. Bien qu'ils puissent en outre faire partie de leur cercle de soutien ou de service du fait de leurs appels, c'est leur travail dynamique dans la réalisation de leur propre investissement qui les rend extraordinaires. Par exemple, il peut s'agir d'ouvriers contractuels, de superviseurs immobiliers ou de spécialistes fonciers, mais pour le moment, c'est ce qu'ils font et ce n'est que le début. Ils sont vos guides, conseillers et complices et vous les contacterez à tout moment une fois par mois.

4.2.2 Votre cercle de soutien

Son cercle de soutien est formé par les principaux gardiens dans leur vie d'investissement foncier. En tant que fiduciaires, ils accordent une attention particulière à leur meilleur avantage. Ce sont les experts dont il dépend pour l'éduquer à la fois sur les subtilités des échanges explicites et sur la population en général dans laquelle il doit les achever. Si nécessaire, ils passeront même un contrat et s'occuperont d'une partie de ces connexions pour vous. Ce sont les exploitants fonciers, les banques, les commis comptables et d'autres personnes qui s'ouvrent à chaque porte de manière significative et qui sont vitales pour la quasi-totalité des échanges d'une manière ou d'une autre. Ce sont vos guides et directeurs d'échange, vos "négociateurs".

Pensez à votre cercle de soutien en tant que responsables d'organisations d'investissement qui ne sont pas dans la finance. Ils peuvent s'occuper de n'importe lequel des articles d'échange pour vous et, si nécessaire, ils peuvent s'occuper de chacun d'entre eux. Par exemple, votre employé contractuel peut fuir un gardien du sol ou en engager un pour vous. Votre exploitant foncier peut vous contacter avec un gestionnaire immobilier ou vous en donner un en tant qu'administrateur. Ce sont les organisations dans lesquelles ils se trouvent qui décideront de leur travail essentiel dans l'échange. Son cercle de soutien encadre la constitution du groupe d'experts dont il dépend et communique avec ces personnes lors de chaque échange.

4.2.3 Votre cercle de service

Son cercle de services est composé d'entités privées et de spécialistes indépendants. Ces organisations spécialisées exécuteront des fonctionnalités explicites pour une propriété ou un échange spécifique. Ce sont les examinateurs, les réparateurs de circuit, les peintres et les autres personnes dont vous avez besoin, selon les circonstances. Cependant, son extension est limitée. Ceux qu'ils contactent dans un échange se limite principalement à ce qu'ils font explicitement ou à l'administration extraordinaire qu'ils administrent. Peu à peu, vous les dirigerez dans leur travail ou votre groupe de soutien les supervisera. Enfin, les subtilités de l'échange indiqueront les experts en gestion dont vous aurez besoin. Ce sont les soldats qui sont sur le point de bâtir votre richesse et vous ne pouvez pas triompher sans eux. Ce sont les experts talentueux qui contactent physiquement l'échange et l'investissement. Rappelez-vous: ce qu'ils font, comment ils le font, à quelle vitesse et ce qu'ils demandent de faire peuvent représenter le moment décisif de tout accord. Votre cercle de services vous fournit le travail particulier dont vous avez besoin pour une situation donnée et vous contacterez ces personnes à tout moment par vos administrations.

4.2.4 Exploiter votre réseau de travail

L'une des plus grandes difficultés pour la plupart des investisseurs est de savoir quand demander de l'aide. La plupart restent jusqu'à ce qu'ils en aient vraiment besoin et finissent par prendre l'aide dont ils ont besoin au lieu d'obtenir l'aide dont ils ont besoin. C'est ce qui isole les magnats de toute autre personne. Les magnats ne s'arrêtent pas. En fait, ils comprennent si bien ce problème qu'ils associent les individus parfaits avant qu'ils en aient besoin. Travailler avec ce réseau est la partie simple; Trouver les personnes parfaites et les construire n'est pas si simple. Ce n'est pas que c'est vraiment difficile, c'est que cela nécessitera des investissements. Dans le cas où vous vous attendez à être fructueux, la vérité est dite, des personnes efficaces répondront aux exigences pour faire partie de votre réseau de travail. C'est la raison pour laquelle cela nécessite des investissements. Vous devez livrer une grande quantité de pierres pour découvrir les trésors de votre réseau. Aussi difficile que cela puisse paraître, ce n'est pas si difficile à faire. C'est essentiellement une question de temps de travail. Pour fabriquer un réseau de travail de qualité, vous devez investir l'énergie nécessaire pour le réaliser.

4.2.5 Maintenance du réseau de travail

Par contre, quand il a quelqu'un dans son entourage, il est loin de se désintégrer. Il préférerait ne pas créer de réseau de travail: il doit le conserver pour le reste de sa vie. La maintenance de votre réseau est liée à une structure de connexions solides et à une notoriété en laquelle les gens peuvent avoir confiance. Encore et encore dans notre examen, nous avons entendu l'expression "arrangements équivalents en matière de relations et de notoriété", à un point tel que nous avons compris que nous écoutions un mantra. Nous avons entendu parler de l'administration des deux systèmes R: relation et réputation. Les relations sont établies par correspondance et les réputations par réputation. Le simple accord de un, deux, trois pour maintenir des relations étroites est le suivant: appelez-les, envoyez-les, regardez-les. Chaque progression parle d'une méthode unique pour contacter votre réseau de travail ou de ce que nous appelons parfois à «l'âge du plomb»: un «contact».

Tout d'abord, considérez-les systématiquement. Découvrez comment ils s'entendent, partagez votre parcours et parlez de l'investissement foncier. Seuls quelques appels de plusieurs jours vous permettront de contacter chaque mois tous les membres de votre réseau de travail, à toutes fins utiles. Deuxièmement, envoyez-leur une intrigue et une estime tous les mois. Faites une liste par courrier des personnes de votre réseau de travail dans votre base de données de contacts et envoyez-leur une histoire, une histoire fascinante ou un conseil sur les investissements fonciers. Incorporez une note transcrite. Envoyez simplement un courrier par mois.

Troisièmement, pour la population générale de votre cercle intérieur, voyez-les régulièrement et complétez une tâche supplémentaire: effectuez une visite individuelle chaque mois. Le petit-déjeuner, le déjeuner, le dîner ou tout simplement un petit expresso vous sera servi. Vous êtes susceptible de révéler ce que vous faites, vérifiez votre feuille de calcul de l'actif net avec eux et demandez leur recommandation et leur direction. Très probablement, vous avez environ trois à cinq véritables formateurs, ce qui implique seulement deux réunions de sept jours. La maintenance de votre réseau est réduite à trois questions directes: À qui dois-je téléphoner aujourd'hui? Qui est-ce que je vois cette semaine? Qui est-ce que je contacte ce mois-ci? C'est tout ce qui est nécessaire. Le temps presse.

4.2.6 Travail du réseau d'engagement

La notoriété prendra un peu plus de temps à fabriquer. Il est le genre de personne qu'il est et une grande motivation pour vous dans leur esprit et cela nécessite un investissement ainsi qu'une coopération pour que cela soit clair. Cela signifie que vous devez vous connecter à votre réseau à tout moment et de la bonne manière. Ce sont les cinq choses que vous devriez faire après un certain temps pour bâtir une réputation qui fera que la population en général de votre réseau de travail tiendra compte de vous et vous fera confiance. Nous les considérons comme les cinq règles d'engagement.

La première règle d'engagement est de faire des affaires. Il devrait jouer un rôle dans le plaisir d'investir dans les terres. Recherchez des terrains ouverts, faites des offres et faites des affaires. Sinon, ce n'est même pas un effort d'imagination d'investisseur. Si vous ne suivez pas les conseils qui vous sont donnés, vous n'embauchez pas votre réseau.

À la fin de la journée, vous pourriez perdre votre temps.

La deuxième règle d'engagement est de garder votre déclaration. Dites continuellement ce que vous voulez dire et donnez un sens à ce que vous dites. Faites votre discussion. Vous devez être connu comme quelqu'un de solide, en qui les gens peuvent avoir confiance. Essayez de ne pas manquer les arrangements ou d'être en retard. Satisfaire vos engagements. C'est lié au fait qu'il est à l'endroit où il dit qu'il sera et qu'il fait ce qu'il dit qu'il va faire.

La troisième règle d'engagement est de ne parler en mal de personne. Ceci implique de garder vos considérations négatives sur les autres pour vous-même. Les gens vont croire que, si vous leur parlez des autres, vous en parlerez avec d'autres personnes. Personne ne fait confiance à un couinement.

La quatrième règle d'engagement est de ne tromper personne. Donnez aux gens le temps qu'ils ont garanti et l'argent qu'ils ont accepté de payer. Essayer de ne pas donner aux gens la considération ou l'argent qu'ils méritent est le moyen le plus rapide de détruire leur notoriété.

La cinquième règle d'engagement est d'éviter les affaires sur votre réseau. Faites un effort particulier pour que les autres utilisent votre réseau. La méthode la plus rapide pour indiquer que vous faites confiance aux gens et que vous vous souciez de ceux-ci consiste à les prescrire à d'autres personnes. Lorsque vous éloignez des personnes de votre système à d'autres personnes, vous construisez vos organisations et leur envoyez un message novateur.

Il se connectera à plusieurs reprises avec les différents cercles de votre réseau. Vous êtes le cercle restreint (vos guides, conseillers et complices) représentent vos relations de travail les plus estimées. Vous verrez ces personnes constamment, que vous ayez un emploi progressiste ou non. Ce sont les personnes qui aident à établir votre vision, vos objectifs et vos techniques pour les atteindre. Les membres de votre cercle de soutien sont appelés avec presque tous les échanges. Ces experts assureront une administration et des conseils précieux lors de l'élaboration d'un accord. Votre cercle de service est verrouillé sur un lieu "si nécessaire". Chaque échange sera extraordinaire et permettra de gérer les enseignants certifiés dont vous aurez besoin. Travailler avec ces personnes renforcera votre notoriété et, après un certain temps, étendra ces liens. Votre réseau de travail peut évoluer pour devenir ce dont vous avez besoin pour progresser et, enfin, refléter votre vision de votre vie. Si vous avez des aspirations et des objectifs, cela les reflétera. Si vous ne le faites pas, cela reflétera cela. Pour réaliser vos propres rêves en matière d'argent, vous devez vous entourer de guides, de consultants et d'organisations spécialisées qui coordonnent vos rêves monétaires.

4.3 Le modèle de génération de guides

Vraisemblablement, la requête la plus largement reconnue sur le bout de la langue de chaque nouvel investisseur est "Puisque je suis prêt à contribuer, comment pourrais-je découvrir des propriétés de placement extraordinaires?" Le modèle de génération de recommandations de l'investisseur immobilier répond à cette question. Sans guides, les propriétés planifiées qui ressemblent à des opportunités extraordinaires ne peuvent pas être cultivées. Pour être efficace, vous avez besoin d'unités, beaucoup d'entre elles. En fait, plus il y en a mieux c'est. Avec plus de clients potentiels, vous avez plus d'opportunités et avec plus de portes ouvertes, vous avez la possibilité de choisir le meilleur d'entre eux. C'est ce que font les magnats. Ils obtiennent le plus de clients potentiels et, par conséquent, les meilleures propriétés. Je pourrais d'abord indiquer le nombre de possibilités et la nature des élections en deuxième lieu. C'est la raison pour laquelle les magnats prêtent attention à l'âge du plomb et en tiennent compte. Ils se rendent compte que la découverte de propriétés d'investissement incroyables est un écart par rapport aux chiffres et que "la qualité est en quantité". Trouver des propriétés d'investissement n'est pas simple, mais cela ne prête pas à confusion. Il s'agit de reconnaître ce que vous recherchez et de le rechercher. Régulièrement, les investisseurs ne sont pas suffisamment clairs sur ce qu'ils doivent découvrir et, en ce sens, ils ne savent pas comment le savoir. Ou, au contraire, pire, cette absence de lucidité les amène à découvrir la mauvaise propriété et la confondre avec la bonne. C'est ici que le modèle de génération de référence de l'investisseur immobilier entre. Franchissez toute barrière entre vos objectifs d'investissement et les immeubles de placement qui vous permettront de les atteindre. Non seulement vous allez éduquer l'aspect de votre propriété, mais vous allez aussi le contrôler. Beaucoup de gens confondent faire le mauvais choix avec le malheur. Le modèle de génération de guides vous indique le meilleur moyen de prospecter et de commercialiser des guides d'investissement et constitue l'un des principaux moyens d'éliminer le karma du plaisir d'investir.

Son modèle de génération de guides est régi par ses critères: les subtilités financières et physiques d'une propriété qui répondrait mieux à ses objectifs d'investissement. Pour reprendre les termes de l'investisseur millionnaire dans l'immobilier George

Meidoff, "ses critères structurent la base opérationnelle à partir de laquelle il se conforme à toutes ses options d'investissement".

Vos critères vous fournissent une image aussi précise que possible de votre placement optimal, et plus cette image est claire, plus vous avez de chances de vous en rappeler lorsque vous la verrez. Savoir exactement ce que vous recherchez vous incite à filtrer avec compétence un grand nombre de clients potentiels et présente l'avantage supplémentaire de vous aider à faire des offres rapidement et certainement lorsque vous trouvez une correspondance. Les critères clairs sont complétés comme une propagande nécessaire, un rapport de propriété manquante qui coule à travers vos efforts de prospection et de publicité. La nature de ses critères et la manière dont ils les communiquent sans équivoque peuvent éventuellement décider de la nature des clients potentiels obtenus grâce aux efforts de leur âge. Vous allez commencer par verser des gains extraordinaires pour élaborer vos critères avec prudence, puis les réexaminer après un certain temps au fur et à mesure que l'expérience est gérée.

En revanche, si vous ne savez pas ce que vous recherchez, comment le remarquerez-vous lorsque vous le découvrirez? Peut-être à quel titre quelqu'un vous aidera-t-il à le découvrir? Il n'est pas difficile de dire que vous recherchez des propriétés sous-estimées que vous reconnaissez et des revenus, mais qu'est-ce que cela signifie réellement? C'est le contraste entre dire que vous recherchez un "immeuble de placement" et que vous recherchez une maison bien entretenue en briques de trois étages sur deux étages avec un garage pour deux voitures qui a été aménagée au cours des 10 dernières années, et cela peut être acheté en dessous des estimations du marché ". Si vous voulez mettre des ressources sur les terres, vous devez savoir clairement ce dont vous avez besoin: ce sont vos critères. Ne pas avoir de critères vous emmène n'importe où et n'importe où, mais au final cela ne vous abandonne pas. Avoir des critères vous emmène où vous devez aller. Avoir des critères explicites vous permet de limiter votre recherche et de renforcer vos capacités en ce qui concerne les types de propriété dans lesquels vous devez affecter des ressources. Les investisseurs fonciers ont évidemment caractérisé les critères. En fait, ils ont deux arrangements de critères: ce qu'ils vont considérer et ce qu'ils vont acheter. Le premier est dans une certaine mesure général et le second est indéniable.

La chose extraordinaire à propos de vos critères pour ce que vous allez considérer est que vous pouvez les utiliser pour limiter votre recherche de deux manières différentes. Vous pouvez les placer au début de leur date de développement, de cette manière, obtenir des perspectives encore meilleures, ou les placer à l'arrière et, par conséquent, obtenir davantage de prospects, mais de moindre qualité. De toute façon, cela fonctionnera, alors faites vos recherches pour voir celle qui vous convient le mieux. Dans l'exemple principal, vous êtes "ce que vous allez considérer". Les critères sont complétés en tant que votre canal à l'avant, et dans la seconde ces critères sont complétés en tant que votre canal à l'arrière. Vous découvrirez que travailler avec des suspects plutôt que des prospects coûte du temps et de l'argent et que ce n'est généralement pas rentable. Dans cette ligne, votre âge de plomb devrait enfin incorporer une capacité et un processus final, et c'est "ce que vous allez acheter." Les critères seront atteints pour vous: canaliser et tuer les suspects et reconnaître et évaluer les prospects. La raison pour laquelle il prend de temps en temps son âge avec ses critères de "Ce que je vais acheter" est que sa consultation pourrait être limitée au point de rater des opportunités incroyables. C'est pourquoi il commence par la déclaration générale «J'achète des maisons», puis se limite à «J'achète des maisons qui répondent à mes critères particuliers». Cette procédure organisationnelle se distingue parmi les approches les plus idéales pour créer une position dominante dans le type de propriétés sur lesquelles elle s'est concentrée. Chaque propriété que vous voyez, chaque spéculation que vous effacez, chaque perspective que vous étudiez et chaque arrangement que vous concluez, finit par renforcer vos connaissances et affiner vos critères. Considérez cela "comme une préparation". Vous pouvez même dire:

"L'arrangement est dans les subtilités." Il y a sept classes notables que vous devez choisir parmi les options qui caractériseront vos biens d'investissement. Critères: emplacement, type, économie, état, construction, caractéristiques et services. Les trois premiers (emplacement, type et économique) sont primaires et sont les plus significatifs. Nous devrions enquêter sur ces trois.

4.3.1 *Emplacement*

Le principal territoire où les investisseurs immobiliers s'efforcent d'investir est leur région. Le choix d'une zone géographique ne maintient pas seulement la procédure raisonnable et modérée; De plus, cela vous permet de devenir rapidement un spécialiste. C'est d'un intérêt central. Il est lié à une autorité considérable dans une zone, une subdivision ou un quartier jusqu'à ce que vous ayez une compréhension sans équivoque de la quantité considérable d'éléments qui déterminent les estimations des propriétés à proximité et les tarifs de location. Ces qualités et tarifs sont enfin proches. Dans le cas où une zone est essentiellement composée de maisons unifamiliales avec trois chambres à coucher et deux douches, il est essentiel de savoir si une maison avec deux chambres et une douche avec doublure sera généralement vendue ou louée à un prix inférieur. Ce type d'évaluation approfondie va des points forts significatifs, tels que les pièces, les salles de bains et la superficie, aux plus petites subtilités, telles que les plafonds voûtés et les aménagements attrayants. Le choix d'un territoire vous incite à obtenir ces données plus rapidement afin que vous puissiez choisir des options informées sur les propriétés que vous y trouvez.

La zone physique pourrait figurer parmi les facteurs les plus importants dans l'estimation d'une maison. Essentiellement, une maison normale dans un quartier extraordinaire atteint souvent un prix plus élevé qu'une maison indiscernable dans une région moins attrayante. "Zone, zone, zone" est l'adage le plus établi du livre foncier, mais il est toujours légitime. Absolument, souvenez-vous-en toujours ou soyez fatigué de le dire, car la région est la seule propriété difficile à copier d'une propriété; la région est ce qui donne à chaque parcelle sa vraie spécificité.

4.3.2 Type
La deuxième région fondamentale de critère est le type de propriété. Est-ce vrai que vous recherchez des maisons unifamiliales ou des immeubles multifamiliaux, urbains ou

ruraux, des centres touristiques ou des fermes, des nouveaux développements ou des reventes, des pièces ou des terrains? Comme nous nous sommes concentrés sur l'investissement dans des terres privées, des propriétés dans lesquelles vivent des personnes, nous devons étudier les propriétés unifamiliales et multifamiliales. Vous pouvez obtenir des maisons, des maisons mitoyennes et des lofts exclusivement ou les obtenir en groupe en achetant des duplex, des triplex, quatre plexus et des condominiums et des gratte-ciel bien plus grands. La façon habituelle de penser est de considérer que les maisons familiales isolées sont celles qui suscitent le plus d'intérêt et de reconnaissance, tandis que les immeubles multifamiliaux offrent les meilleures portes d'ouverture sur le revenu. Superficiellement cela se développe. Dans de nombreux marchés, la plupart des acheteurs doivent posséder une maison. Cet intérêt général permettra donc de maintenir les coûts au bout d'un certain temps. De même, le marché de l'habitation unifamiliale est généralement créé par des personnes qui ne sont pas des investisseurs. Ces personnes achètent une maison et des éléments passionnés jouent dans leur envie d'acheter à un coût spécifique. Fait intéressant, les propriétés multifamiliales sont achetées et vendues en grande partie par les investisseurs, ce qui implique que leurs coûts sont résolus de manière impartiale en estimant les loyers auxquels ils parlent.

4.3.3 Économie

Pour l'essentiel, vous ne pouvez pas définir vos critères économiques, sauf si vous avez une idée précise des propriétés extrêmement précieuses. Tout investisseur efficace révélera qu'il vaut la peine de faire des estimations des propriétés et des tarifs de location. Après tout, c'est essentiel. Vous devez comprendre les coûts actuels du marché pour les offres immobilières et les tarifs de location actuels afin de déterminer vos critères économiques. En règle générale, il est idéal d'être sur le lieu où se situe le plus grand marché et, en règle générale, la plupart des locataires et des acheteurs se trouveront dans les propriétés normalement évaluées. Dans cette partie du marché, un grand nombre de locataires et d'acheteurs peut générer des demandes et générer une appréciation. Vous jouez les points médians pour avoir les meilleures chances de progrès.

Avec votre région et le type de propriété à proximité, investissez un peu d'énergie pour vous familiariser avec les estimations de la propriété et les tarifs de location. Vous devriez commencer à lire les publications papier et Internet et prendre des notes. D'autre part, si vous conduisez ou marchez dans votre zone cible, réservez du temps pour réaliser des visites libres et évaluer les locations.

4.4 Le modèle d'acquisition

Jusqu'à présent, il a contribué à investir son temps; C'est actuellement une opportunité idéale pour contribuer à investir votre argent. Vous êtes au moment de la décision de l'investisseur foncier, où les rêves fonctionnent comme prévu ou non, où la richesse liée à l'argent est créée ou perdue. C'est une opportunité idéale pour faire des profits. Comment les magnats en bénéficient-ils? C'est simple: faites entrer votre argent. Suivant le modèle d'acquisition et le droit d'achat, ils assurent, à toutes fins utiles, la réalisation de leurs investissements. C'est ce que vous devez faire: vous devez découvrir comment suivre le modèle d'acquisition de l'investisseur immobilier. Dans le cas où vous pouvez acheter une propriété avec suffisamment d'avantages travaillés, vous aurez la garantie, au moment de l'achat, que vos investissements en profiteront. Ceci est significatif étant donné qu'une fois que vous commencez à faire des acquisitions de terres, votre présentation sera enregistrée pour toujours et sans répétition ni seconde chance. Si vous adhérez au modèle d'acquisition, vous n'en aurez pas besoin.

En partageant l'intelligence bien méritée et les rencontres authentiques de nos investisseurs immobiliers, nous avons créé leur psychisme et conseillé leurs activités pour dynamiser leurs projets d'investissement. Il comprend actuellement Money Route, a prévu d'avoir de l'argent pour contribuer et a configuré son solde personnel de manière à pouvoir contrôler son développement. Il réalise à quel point les investissements fonciers peuvent accroître son actif total grâce au développement de la valeur et au développement des revenus. Il a commencé à fabriquer son réseau de travail dans le but de faire en sorte que le groupe dont il dispose soit chargé de guider, de soutenir et de gérer ses investissements. Il a développé ses critères et produit pour cela. Il a actuellement des indices, des opportunités imminentes d'investir des ressources et doit commencer à décider. Les choix que vous faites et les mouvements que vous effectuez dans ces minutes de base peuvent profondément affecter la création de richesses liées à l'argent.

4.4.1 Flux de trésorerie et équité

Dans l'investissement foncier, il n'y a que deux méthodologies d'assurance centrales: acheter pour de l'argent et acheter pour un revenu et développer de la valeur. Il existe de nombreuses spécialisations et variétés dans chacune de ces procédures fondamentales, et elles sont souvent désignées par différents noms, par exemple, options, acceptation, transformation, investissement à long terme, investissement rapide, vente en gros, conditionnement, options de loyer et de revente. Dans tous les cas, chacun de ces noms ne fait qu'embrouiller l'image. Peu importe comment vous les appelez, ces systèmes sont réduits à une simple vérité: les investisseurs apportent une contribution en espèces ou en flux de trésorerie. L'une est une méthodologie de création d'argent, et l'autre est une méthodologie de création de richesse. Vous devez simplement choisir laquelle de ces deux techniques vous avez besoin ou devez utiliser, puis suivez le modèle correspondant.

Pour certains investisseurs, compte tenu de leurs objectifs ou conditions actuels, la monnaie est prioritaire. Si vous avez besoin d'argent, vous avez quatre alternatives fondamentales pour l'accumuler: rechercher et référencer, contrôler et attribuer, acheter et vendre, et acheter, améliorer et vendre. D'autre part, si vous recherchez de l'argent et préférez ne pas contribuer en espèces ou même ne pas signer un contrat, vous pouvez le faire via Recherche et Référence. Vous pouvez devenir un explorateur.Un explorateur, recherche des opportunités d'investissement prudent, puis les transmet à des investisseurs préparés et disposés à sécuriser ces propriétés. En général, vous recevrez une "dépense de découvreur" si les portes ouvertes sont excellentes et que vous ne les auriez pas trouvées en général. C'est probablement la méthode la plus rapide pour acquérir de l'argent et, largement, le choix que la plupart des chiffres peuvent faire. L'inconvénient est que l'argent versé pour l'échange est le plus faible des quatre options.

La deuxième alternative la plus rapide pour obtenir de l'argent est le contrôle et l'affectation. Cela implique que vous obteniez un contrat alternatif ou cessible sur un immeuble de placement, puis que vous découvriez une autre personne pour l'obtenir. Lorsque vous contrôlez la propriété, vous disposez d'un contrôle de disposition. Cette technique présente un avantage préférable par rapport à Search and

Refer, mais le potentiel de volume est légèrement inférieur.

Enfin, le rôle principal des quatre systèmes de création de monnaie est de créer de l'argent rapide, un salaire qui peut être utilisé comme salaire gagné ou rejoué sur le chemin de la monnaie. Un grand nombre d'investisseurs avec qui nous avons parlé à un moment donné ont utilisé chacune de ces techniques pour transformer leurs vocations en investissement foncier. Quand ils ont bien réussi, ce qu'ils remarqueront n'est pas aussi simple que décrit régulièrement, ils ont eu la possibilité de développer des fonds de réserve, qu'ils pourraient utiliser comme acomptes initiaux dans les propriétés de paiement. Ils prenaient de l'argent et le réinvestissaient pour en tirer un revenu et une valeur: créer une richesse budgétaire à long terme.

4.4.2 Conditions d'achat et de vente

Dans le système d'achat et de vente, vous recherchez quelque chose de spécifique: de l'argent. L'objectif est de garantir un résultat net en quelques semaines, voire au plus, en achetant un bien immobilier, puis en le pivotant et en l'offrant. Malgré le fait que cette technique a souvent les meilleurs règlements, elle accompagne un test important: vous devez connaître leur nombre, beaucoup d'entre eux. De plus, si vous achetez, améliorez et vendez, vous devez connaître et obtenir beaucoup plus de chiffres. Vos chiffres doivent être précis lors de la saisie. Il fait progresser les attentes, qui doivent toutes être fondamentalement un chiffre pour que l'accord soit un succès. Vous devez avoir raison ou il vaut mieux que vous travailliez sur un avantage réel pour l'erreur.

La valeur pour laquelle une propriété peut être vendue par rapport à la valeur pour laquelle elle sera vendue "rapidement" peut constituer une distinction entre le contrôle de ses coûts de transport et, en particulier, une estimation préliminaire précise des avantages escomptés. Les avantages normaux augmentent le coût de l'offre sous-jacente dans la maison. De cette manière, lors de l'estimation du coût de vente, non seulement prend en compte l'estimation après la fixation, mais également l'estimation "rapide" après la fixation.

Un grand nombre de logements ciblés par les investisseurs dans l'achat et la vente se trouvent souvent dans le marché haut de gamme ou bas de gamme. Cela implique que vous ne vous adressez pas toujours à des acheteurs disposant de beaucoup d'argent pour s'accorder et d'un crédit impeccable. L'offre extraordinaire que vous reconnaissez peut échouer en raison de problèmes financiers ou de crédit. Cela pourrait signifier recommencer une fois de plus, et cela implique du temps.

À partir de là, à mesure que vous apportez des améliorations, vous développerez l'estimation du marché immobilier. C'est dans la principale zone d'amélioration. Dans tous les cas, sachez que cette expansion du devis a un point de confinement raisonnable: ce que le marché va supporter. Dorénavant, tout investissement supplémentaire dans les améliorations n'inclura pas grand-chose, à supposer qu'il en soit ainsi, d'un incitatif d'exposition pour la propriété. Il a atteint l'objectif d'un retour sur investissement maximal. À l'heure actuelle, il est temps de maintenir une distance stratégique par rapport à l'amélioration excessive de la propriété et de la placer rapidement dans la publicité de revente, de tirer des revenus de votre revenu général et de poursuivre le prochain investissement.

Savoir quelles mises à jour, à quel coût, apporteront des performances maximales est une expérience définitive dans ce plaisir. C'est le moment d'obtenir le retour le plus élevé sur un investissement minimal dans les améliorations. Les investisseurs ayant une expérience du développement et ceux qui ont les compétences nécessaires pour le faire sans l'aide de quelqu'un d'autre et qui ont une solide connaissance du travail de réparation peuvent réussir avec Acheter, Améliorer et Vendre. Outre le fait qu'ils entrent dans le détour avec une pensée bien informée sur les dépenses et le temps qu'ils doivent prendre régulièrement, ils sont également en mesure de prendre un grand nombre de ces arrangements. Cette valeur de transpiration leur permet d'échanger leur temps et leur travail contre des coûts réduits et un revenu général plus élevé. Quoi qu'il en soit, un grand nombre de personnes auront besoin des conseils d'un travailleur intérimaire accompli et de l'aide d'un solide groupe d'experts en réparation et rénovation pour faire progresser ce système.

Il s'agit d'un élément fondamental du modèle d'acquisition Buy and Hold. Si la propriété ne génère pas de revenus avec les chiffres dont elle dispose, vous devez réduire votre offre correctement ou chercher un financement unique. Les termes corrects dans votre progression régulière peuvent avoir un effet critique. Les investisseurs à qui nous avons parlé étaient extrêmement ingénieux dans leurs accords de financement. Ils ont vu comment exploiter les prêts immobiliers habituels à taux variable et à taux mobile pour obtenir un revenu rapide dans l'accord.

CHAPITRE 5: COMMENT AUGMENTER LE FINANCEMENT ET LE CAPITAL

5.1 Reconnaître les sources de capital

Pour certaines personnes, le problème des investissements fonciers est qu'elles ne parviennent pas à entrer de l'argent pour les frais initiaux. L'aphorisme de la famille selon lequel "il faut de l'argent pour faire un profit" est généralement valable, à notre connaissance. La plupart des cahiers d'investissement foncier reposent sur l'une des deux hypothèses. Certains s'attendent à ce que vous ayez beaucoup d'argent et que vous ayez simplement besoin de comprendre comment acheter, augmenter la valeur d'une propriété, puis la vendre. De toute évidence, cela devrait être valable, cependant, toutes les personnes ne sont pas pleines d'argent. L'autre hypothèse habituelle est qu'elle n'a pas d'argent et devrait recourir à la recherche de terrains à la recherche de vendeurs si inquiets de vendre que leur banque ou eux-mêmes n'exigent aucun paiement à l'avance. Nous n'attendons ni l'un ni l'autre. Alors, comment commenceriez-vous sur la terre ferme si vous préférez ne pas réclamer une propriété gênante dans les quartiers les plus notoirement horribles, et si votre solde financier ne présente pas un solde à six chiffres pour payer le plus possible dans les meilleurs quartiers? Il obtient toute la tolérance possible et capture une vision à long terme. Il n'est pas nécessaire d'être riche ou d'avoir des fonds incroyables pour commencer à faire des investissements fonciers attrayants. Dans ce livre, nous présentons un large éventail d'options de placement. Il convient donc de répondre aux besoins de chaque personne, à ses limites financières et à sa situation. Notre technique pour structurer la richesse de la terre après un certain temps consiste à restaurer des investissements gérables et à générer des gains libéraux pour vos investissements. La plupart du temps, les investisseurs fonciers effectuent une première livraison et obtiennent la majeure partie des fonds nécessaires à la réalisation d'un achat. C'est la méthode habituelle pour acheter des propriétés foncières et ce sera la meilleure technique pour vous à long terme (comme ce fut le cas pour nous).

Afin de s'adapter à la facture de financement la plus attrayante, les prêteurs exigent en règle générale que leur versement initial soit, en tout état de cause, égal à 20% du prix du bien. Les meilleures avancées dans les immeubles de placement s'attendent parfois à une réduction de 25 à 30% pour les conditions les plus positives.

En général, les spécialistes des prêts deviendront progressivement des traditionalistes et nécessiteront des acomptes plus importants, alors que le coût du foncier diminue, par exemple dans la plupart des territoires connus à la fin des années 2000. Pour la plupart des biens immobiliers. Les investissements privés, tels que les maisons unifamiliales, les logements connectés, les copropriétés et les maisons mitoyennes, ainsi que les petits lofts de quatre logements maximum, permettent d'obtenir les meilleures conditions de financement en prévoyant, dans tous les cas, une réduction de 20 à 25 pour cent en versements. Il est presque certain que vous effectuerez des versements moins importants (aussi bas que 10% ou moins). Toutefois, vous paierez des coûts de financement et des frais de crédit beaucoup plus élevés, y compris la protection des prêts immobiliers privés.

Le montant d'argent convenu, y compris tous les coûts et les frais de clôture, détermine généralement le montant d'argent que vous devez conclure lors d'un achat. Supposons que vous vous attendiez à obtenir un logement privé sans prétention pour 100 000 $. Pour des frais initiaux de 25%, vous avez besoin de 25 000 $, et 5% supplémentaires pour les frais de clôture vous rapportent 30 000 $. Si vous avez la possibilité d'acheter une propriété qui coûte trois fois le montant (valeur de l'étiquette de 300 000 $); Vous devez augmenter considérablement ces montants à environ 90

000 $ pour obtenir les meilleures options de financement.

Les meilleurs investisseurs fonciers que nous connaissons, dont nous-mêmes, ont commencé à bâtir leur portefeuille d'investissements fonciers à l'époque en économisant de l'argent puis en achetant constamment des biens au fil des ans. Beaucoup de gens rencontrent des problèmes lorsqu'ils réservent de l'argent, car ils n'ont aucune idée de la façon de le faire ou sont fondamentalement réticents à limiter leurs dépenses. Le simple accès à l'obligation du client (par carte de crédit et crédit de véhicule) permet aux inconvénients énormes d'économiser davantage et de dépenser moins. Investir dans la terre nécessite de la modération, de la pénitence et de l'ordre. Comme pour la plupart des activités bénéfiques de la vie quotidienne, vous devez faire preuve de patience et planifier à l'avance pour pouvoir mettre des ressources à la disposition de la planète. Une formation solide est le moyen d'obtenir des récompenses plus notables liées à l'argent et génère la plupart des objectifs extraordinaires dont nous parlons ici. L'instruction est la clé pour vos appels choisis, ainsi que pour investir dans la terre. Pensez à obtenir un permis foncier ou découvrez comment être un évaluateur ou un gestionnaire immobilier, acquérir des compétences qui vous aideront à investir dans votre propriété et vous permettront d'effectuer des travaux nécessitant peu d'entretien pour améliorer votre salaire.

Mettre de côté l'argent supplémentaire de vos gains mensuels sera probablement la mise en place de votre programme d'investissement foncier. Quoi qu'il en soit, vous pouvez contacter d'autres avoirs budgétaires pour les acomptes. Avant de passer à ceux-ci, nous proposons une petite mise à jour bien organisée: surveillez le montant de votre portefeuille d'investissements général que vous déposez sur un terrain et la manière dont vos objectifs globaux se sont développés et adaptés à vos biens. Certaines entreprises vous permettent de compenser le solde de votre compte de retraite, à condition que vous remboursiez le crédit dans un certain nombre d'années. Sous réserve de besoins en qualifications, les acheteurs d'une première maison peuvent effectuer des retraits sans pénalité d'au plus 10 000 USD sur les comptes IRA.

La plupart des investisseurs fonciers que nous connaissons ont commencé à construire leur portefeuille immobilier après avoir acheté leur propre maison. En exploitant modérément la valeur de votre maison, vous obtiendrez un bon point de départ pour vos investissements immobiliers. Dans la plupart des cas, le contrat vous permet d'obtenir de l'argent à un coût de financement inférieur à celui de votre propriété. Plus le risque pour le spécialiste du crédit est faible, plus le rendement requis est faible et, de cette manière, vous obtiendrez de meilleurs taux pour vous en tant qu'emprunteur. Les spécialistes du crédit considèrent les immeubles de placement comme une suggestion de risque accru et à la lumière des circonstances actuelles: ils se rendent compte que lorsque les comptes se dégradent et que la situation devient extrêmement intense, les gens paient leur prêt hypothécaire pour s'abstenir de perdre le toit au dessus de leur tête avant de payer des obligations. Une maison rentable. Sauf si votre prêt hypothécaire actuel était garanti à des taux inférieurs à ceux qui sont actuellement disponibles, nous recommandons principalement de renégocier l'avance d'acte de fiducie principal et d'ouvrir ainsi la valeur de cette manière, au lieu de souscrire une avance de la valeur de logement ou une extension de crédit.

5.2 Financement d'achat de propriété

Nous connaissons les investisseurs immobiliers qui ont passé plusieurs heures à la recherche des meilleures zones et propriétés afin que leurs arrangements soient résolus sans avoir la possibilité d'obtenir le soutien nécessaire au financement requis. Vous ne pouvez pas jouer dans le cas où vous ne pourriez pas payer. Malgré le fait que vous puissiez découvrir un grand nombre de types de prêts au logement, il n'existe que deux catégories notables de prêts au logement: le coût de financement fixe et le taux personnalisable. En fait, certains prêts hypothécaires se joignent aux composantes des deux: ils peuvent rester fixes plusieurs années et avoir ensuite un coût de financement variable.

Pour des raisons d'évaluation future des revenus de votre propriété, les contrats à taux fixe vous offrent une sécurité et un réel sentiment de sérénité, puisque vous connaissez sans équivoque l'étendue de votre versement hypothécaire en un mois, un an et dans beaucoup de temps. Vous pouvez commencer à rembourser votre prêt hypothécaire avec un coût de financement initial généralement faible, contrairement aux crédits à taux fixe. Compte tenu des problèmes financiers liés à l'achat d'un immeuble de placement commun, les ARM permettent aux investisseurs d'obtenir un revenu positif au cours des premières longues périodes de propriété.

Les diverses listes utilisées dans les ARM varient principalement en fonction de la rapidité avec laquelle elles réagissent aux modifications des taux de prêt. Si vous sélectionnez un contrat de téléphonie mobile lié à l'un des enregistrements les plus rapides, vous risquez davantage que le prochain changement ne reflète des augmentations des coûts de financement. Lorsque vous vous exposez à un risque plus élevé d'augmentation des taux, les prêteurs vous coupent l'espace pour respirer de différentes manières, par exemple en passant par la partie inférieure supérieure, les arêtes inférieures ou les foyers inférieurs.

Après la clôture du coût de financement sous-jacent, le coût du prêt dans un bras change en fonction de l'équation prévue. Normalement, les coûts de financement ARM changent tous les 6 ou un an, mais certains changent tous les mois. Avant chaque modification, le prêteur vous envoie un avis indiquant votre nouveau taux. Assurez-vous de vérifier ces notifications à la lumière du fait que, dans de rares cas, les banques font des erreurs.

Pratiquement tous les bras accompagnent un taux maximum, ce qui limite le changement de taux le plus extrême (haut ou bas) autorisé dans chaque modification. Ce point de rupture est généralement appelé modification supérieure. Dans la plupart des crédits modifiés à intervalles réguliers, le changement le plus élevé est de 1%; Le coût du prêt imputé au prêt hypothécaire peut augmenter ou diminuer de près d'un point de taux au cours d'une période de modification.

Au fur et à mesure que vous effectuez des acomptes, la parité prévue, peu importe ce que vous devez, est progressivement réduite ou amortie. L'amortissement négatif est l'inversion de cette procédure. Cela se produit lorsque les paiements mensuels prévus ne sont pas exactement la mesure de l'intrigue qui s'accumule à ce moment-là. Certains ARM permettent un amortissement négatif. Avec quelle capacité votre solde créditeur extraordinaire peut-il être développé lorsque vous continuez à verser des acomptes provisionnels? Cette merveille se produit lorsque vos frais de prêt hypothécaire sont inférieurs à ce qu'ils devraient être.

Toutefois, certains progrès dans l'extension du montant de vos frais réguliers ne dépassent pas le coût du financement. En ce sens, il est possible que le montant de vos frais de prêt hypothécaire ne reflète pas toute l'intrigue que vous devez maintenant sur votre crédit. En ce sens, au lieu de payer l'intrigue que vous devez et de satisfaire constamment une partie de votre futur match (ou patron), vous finissez par satisfaire une partie, mais pas la totalité, de l'intrigue que vous devez. Par la suite, les banques incluent la prime supplémentaire impayée qui, malgré tout, doit son obligation exceptionnelle.

L'amortissement négatif équivaut à ne payer que les frais de base requis par votre facture Visa. Il continue d'accumuler des frais d'argent dans le match impayé, à condition d'offrir une livraison trompeuse. Prendre un prêt hypothécaire avec remboursement négatif invalide l'objectif général d'obtenir une somme qui correspond à vos objectifs en matière d'argent.

Gardez une distance stratégique avec les bras avec amortissement négatif. La meilleure façon de savoir si une avance incorpore un amortissement négatif est de demander sans équivoque. Certains spécialistes en prêts et représentants en prêts hypothécaires n'attendent pas de vous informer. Si vous rencontrez des difficultés pour trouver des banques qui gèrent votre situation budgétaire, veillez à être particulièrement prudent: vous constaterez la plupart du temps un amortissement négatif sur des prêts que les spécialistes du crédit considèrent comme dangereux, ce qui doit être considéré comme un signe que peut-être que vous dépassez une propriété qui n'est pas un investissement parfait. Il est probable que vous envisagiez uniquement un prêt hypothécaire de ce type car votre revenu ne vous permettra pas d'avoir un acompte entièrement amorti. De cette façon, vous auriez besoin de réaliser une grande appréciation de la propriété pour couvrir ce revenu négatif, en plus du taux de rendement idéal pour que cet investissement soit de bon augure.

5.3 Meilleur financement hypothécaire

Le choix entre un crédit à taux fixe ou à taux flexible est une option importante dans le processus d'investissement foncier. Examinez les points d'intérêt et les préjugés de chaque type de prêt hypothécaire et choisissez ce qui convient le mieux à votre situation avant de renégocier ou d'acheter un terrain. Quel risque pouvez-vous supporter en ce qui concerne l'extension de la livraison mensuelle de votre contrat immobilier? Dans le cas où vous pouvez faire faillite et qui accompagne un ARM, vous avez une possibilité exceptionnelle de réserver de l'argent supplémentaire et d'augmenter vos revenus de propriété avec un tarif mobile au lieu d'une avance à taux fixe. Votre taux de prêt commence à diminuer et reste abaissé avec un bras, si la dimension globale des coûts de financement reste inchangée. Que les taux augmentent ou non, ils sont susceptibles de revenir pendant la durée de votre crédit. Si vous pouvez rester avec votre ARM pour le meilleur et pour le pire, vous devez vaincre la concurrence à long terme.

Les bras sont de bon augure au cas où vous ne seriez pas équipé de ce dont vous êtes équipé. Au cas où votre paiement (et le revenu de l'immeuble de placement matériel) dépasserait essentiellement vos dépenses, vous pourriez vous sentir moins inquiet face aux fluctuations du coût de financement d'un bras. Si vous optez pour une avance flexible, vous vous sentirez encore plus en sécurité si votre budget est élevé (en tout cas, une demi-année ou même une année de réduction des coûts), qui peut arriver si les taux augmentent. Certaines personnes prennent le bras alors qu'elles ne peuvent généralement pas en supporter le coût. À mesure que les tarifs augmentent, les propriétaires qui ne peuvent supporter le coût des frais plus élevés sont confrontés à une urgence liée à l'argent. Si vous ne disposez pas de fonds d'investissement de crise dont vous pouvez tirer parti pour faire payer les frais les plus élevés, comment pouvez-vous assumer le coût des frais planifiés de façon régulière et les différents coûts de votre propriété?

Économiser de l'enthousiasme dans la plupart des bras est généralement une garantie dans les premières années. Un contrat de téléphonie mobile débute avec un coût de financement inférieur à un contrat fixe. Quoi qu'il en soit, si les taux augmentent, vous pouvez finir par rembourser les fonds d'investissement que vous effectuez dans les premières longues tranches du prêt hypothécaire.

Si vous ne conservez pas votre prêt hypothécaire pendant plus de cinq à sept ans, vous aurez plus d'enthousiasme pour transmettre un contrat à taux fixe. Une banque de prêts hypothécaires est ruinée en se concentrant sur un coût de financement fixe pour 15 à 30 ans. Les spécialistes du crédit n'ont pas la moindre idée de ce qui peut se produire au cours des années intermédiaires, ils facturent donc une prime au cas où les coûts de financement se déplaceraient principalement au cours des prochaines années. Vous pouvez également penser à une avancée en matière de croisement, qui consolide les points forts des contrats à taux fixes et personnalisables. Par exemple, le taux sous-jacent peut rester stable pendant trois, cinq, sept ou dix ans, puis changer une fois par an ou comme une horloge à partir de ce moment. Ces crédits peuvent être de bon augure pour vous si vous prévoyez une probabilité élevée de maintenir votre avancement de sept à dix ans ou moins, toutefois, vous avez besoin d'une certaine sécurité dans vos futures livraisons régulières. Plus le taux sous-jacent est long, plus le coût de financement est élevé. Essayez de ne pas confondre ces avancées avec le prêt hypothécaire à l'habitation régulièrement déconseillé.

La plupart des banques de prêts hypothécaires vous offrent l'option de contrats de 15 ou 30 ans. Vous pouvez également découvrir des alternatives de 10 ans, 20 ans et 40 ans, cependant, elles sont étranges. Cependant, certains spécialistes en prêts vous permettent de choisir des conditions strictes ou d'autres modalités de remboursement vous permettant de personnaliser le montant des longues tranches de votre prêt hypothécaire. La personnalisation de votre prêt hypothécaire peut être de bon augure si vous avez pour objectif prioritaire de finaliser par exemple vos échéances de prêt hypothécaire avant de traiter les factures de coûts de formation de l'école ou une date de départ à la retraite. Alors, comment choisiriez-vous si un contrat à court ou à long terme est préférable pour l'achat d'un immeuble de placement?

Pour assumer le coût des échéances régulières et générer un revenu positif, de nombreux acheteurs d'immeubles de placement doivent répartir leurs échéances de prêt hypothécaire sur une plus longue durée. Un contrat de 30 ans constitue la meilleure approche à cet égard. Un contrat de 15 ans a des frais réguliers plus élevés puisque vous payez plus rapidement. Par exemple, avec un coût de prêt à taux fixe de 7%, un contrat de 15 ans accompagne des frais d'environ 35% plus élevés que ceux d'un contrat de 30 ans.

Une avance sur la valeur du logement peut donner un effort modérément minimal aux ressources nécessaires à l'achat d'un immeuble de placement, en particulier si vous recherchez de l'argent pour seulement quelques années. Vous pouvez renégocier votre premier emprunt hypothécaire et retirer de l'argent pour acheter un immeuble de placement. Toutefois, nous ne vous le demanderons pas si votre emprunt hypothécaire initial a un coût de financement inférieur à celui que vous pouvez obtenir lors de la renégociation. Les avances dans la valeur du logement entraînent généralement des coûts de financement plus élevés que les prêts équivalents au premier logement, car ils sont moins sûrs pour un prêteur. La raison : si vous ne respectez pas le prêt de la résidence principale ou si vous recherchez une garantie de protection financière, la banque contractante principale reçoit le premier cas de votre maison.

Peu de tous les commerçants étranges ont besoin d'obtenir tout l'argent sous forme de frais pour leur propriété, il est donc presque certain qu'ils peuvent payer une partie, voire la majorité, de l'achat d'un immeuble de placement grâce au financement du concessionnaire. Le recours au financement du concessionnaire est à la base de la plupart des techniques de réduction de trésorerie.

Le financement par le concessionnaire est un échange dans lequel le vendeur reconnaît moins que tout l'argent lors de la clôture. Un type d'échange de tout l'argent pour le commerçant est que l'acheteur paie effectivement tout l'argent, mais il s'agit généralement d'un échange dans lequel l'acheteur utilise un prêt hypothécaire standard (argent comptant pour acheter la propriété d'une banque autre que le revendeur) avec l'objectif que le vendeur reçoive correctement tout l'argent lors de la clôture. Certains marchands sont assez riches pour ne pas avoir à s'inquiéter car la plupart des entreprises continuent rapidement pour leur prochain achat ou achètent une propriété pour moins d'argent, ou n'achètent peut-être pas une propriété de remplacement de quelque manière que ce soit et veulent obtenir des frais plus tard. Depuis quelque temps ils peuvent rechercher des frais pour supplanter leur indemnité de retraite ou vouloir récupérer les actifs après un certain temps afin de pouvoir réduire leur salaire imposable.

CHAPITRE 6: IDENTIFICATION ET ÉVALUATION DES BIENS

6.1 Valeur de l'emplacement

Comme le dit l'éminent proverbe sur la terre, "les trois composantes les plus importantes pour la réussite sur terre sont la surface, la surface et la surface!" Il existe une relation étroite entre le domaine de vos investissements fonciers et vos réalisations liées à l'argent. De plus, nous sommes tout à fait d'accord pour dire que la superficie de votre investissement foncier est essentielle pour votre prospérité en tant qu'investisseur foncier.

La possession de la terre n'est pas le moyen d'investir dans la terre; Assurer et posséder le bon terrain au bon coût est le moyen de créer de la richesse! Au fur et à mesure que vous vous impliquerez dans la terre, vous élaborerez votre propre procédure, mais pour que toute méthodologie réussisse, vous devez faire votre travail et évaluer constamment et décemment les aspects positifs et négatifs de votre investissement foncier proposé. C'est l'endroit où nous entrons.

Bien que quasiment tous vivent dans des zones où il est possible d'investir dans des terres, toutes les personnes ne vivent pas dans des zones où les perspectives sont utiles pour la terre, tout est dit. C'est pourquoi il est impératif d'élargir votre horizon d'investissement géographique tant que vous ne négociez pas votre capacité à surveiller et à contrôler avec succès votre propriété.

Que vous choisissiez ou non de consacrer des ressources aux terres de votre propre district, malgré tout, vous devez faire beaucoup de recherches pour choisir où et quoi acheter: c'est à dire des options critiques avec des résultats à long terme. Dans les pages qui suivent, nous révélons ce qu'il faut rechercher dans une zone, un réseau et même une zone avant de choisir cette option d'investissement. Cependant, rappelez-vous que vous pouvez passer un repos incroyable à la recherche de l'investissement idéal dans un terrain, ne jamais le découvrir, ne jamais contribuer et rater de nombreuses opportunités, avantages et même de l'amusement.

Par conséquent, il recherche des propriétés lui permettant d'apporter des améliorations tant matérielles que monétaires qui réduiront en fin de compte le taux maximum normal pour un investisseur futur, ce qui réduit essentiellement le taux de rendement requis depuis le début du danger. Vous devez acheter lorsque vous découvrez que la propriété a une forte probabilité de créer de futures augmentations du NOI et du revenu. Par conséquent, vous devez rechercher des propriétés pour lesquelles votre enquête montre que le paiement de la propriété peut être étendu ou réduit les coûts.

Lors de la recherche de votre prochain bien d'investissement, de nombreux marchands, et en particulier leurs intermédiaires fonciers, vous garantiront des loyers excessifs et un avantage considérable, qu'il convient de tirer profit essentiellement de l'achat et de la hausse des loyers. D'un autre côté, si c'était aussi simple, pourquoi le propriétaire actuel ne prolongerait-il pas le bail et vendrait-il la propriété à un coût plus élevé?

Dans tous les cas, si vous vous interrogez complètement sur le marché, vous comprendrez comment reconnaître certains indices permettant de déterminer si une propriété a réellement des loyers inférieurs au marché. Les propriétés sans ouverture et un résumé des délais sont les principaux concurrents. D'autres indications sont des propriétés qui ont un faible chiffre d'affaires et ont ensuite plusieurs candidats pour ces rares opportunités.

Certains propriétaires annoncent en fait leurs propriétés d'investissement foncier à un coût inférieur à celui du marché. Ce sont des vendeurs de rue, qui ont probablement diverses explications individuelles à l'appui de leur besoin de vendre plus rapidement et plus économiquement que s'ils avaient plus de temps et de tolérance. Les raisons de bien-être, les ruptures familiales, les problèmes liés à l'argent, etc. sont, pour la plupart, des raisons probables pour lesquelles un commerçant donnera son consentement à un accord rapide, à un coût inférieur à celui du marché.

Par ailleurs, certains distributeurs ne parviennent pas à estimer l'opération sur le marché pour différentes raisons. Par exemple, certains propriétaires détestent toute la procédure de vente de leurs immeubles de placement, au point de sous-estimer délibérément l'immeuble afin d'assurer un échange rapide et propre et d'écarter toute possibilité dont un acheteur aurait habituellement besoin dans une négociation de marché. La fin des tracas et le roulement et les transactions sont essentiels pour ces fournisseurs; Ils ont simplement besoin de finaliser la transaction, ils sont donc disposés à donner à l'acheteur un arrangement aussi convenable que l'acheteur prend la propriété essentiellement dans son état actuel.

Un exemple simple de la manière d'élargir l'estimation d'une structure consiste à localiser un immeuble de placement privé dans une zone d'intérêt extrême, chaque taux de location correspondant à des plans comparatifs. En règle générale, les loyers devraient refléter la manière dont, selon l'État, toutes les unités de deux chambres à coucher ne présentent pas des avantages similaires. Par exemple, une unité située au bord de la piscine est régulièrement plus attrayante qu'une unité située sur la route principale ou les unités situées aux étages supérieurs ont un intérêt plus important, de sorte que l'augmentation des loyers des unités les plus attrayantes génère le paiement du loyer.

Malgré le fait que nous vous encourageons à penser au quartier, tout choix quant à la contribution à apporter devrait commencer par une évaluation de la convenance monétaire et des tendances générales du district qui l'entoure. Au cas où l'endroit ne serait pas financièrement stable, la probabilité d'investissements effectifs dans les terres de cette région serait réduite. Découvrez comment évaluer des informations financières importantes afin de pouvoir placer des ressources sur des territoires équilibrés pour le développement. La collecte et la désagrégation des informations financières applicables n'a jamais été aussi facile, via Internet. Les informations les plus importantes pour le développement de la population, le développement du travail et les schémas financiers sont disponibles sur le Web. Plusieurs éléments suivent ces données. Que ce soit le gouvernement, les gouvernements des États et des pays voisins, les universités et les réunions d'affaires, les données sur les structures monétaires des provinces sont immédiatement disponibles.

6.2 Contrats de location et évaluation de propriété

Un revenu est un engagement autorisé entre un locateur (locateur) et un locataire (occupant) à échanger le privilège de la propriété sélective et l'utilisation de certains biens réels pendant une période caractérisée par une réflexion simultanée (effective). Un revenu verbal peut être nécessaire, cependant, il est de loin préférable d'avoir un revenu composé qui caractérise les droits et les devoirs du propriétaire et de l'occupant. Le fait de posséder un immeuble de placement doté de structures attrayantes et bien entretenues peut vous donner un sentiment de fierté. Cependant, ce que vous investissez vraiment dans le crédit-bail. Les investisseurs fonciers efficaces se rendent compte qu'une grande porte ouverte consiste à découvrir des propriétés avec des contrats de location offrant un haut potentiel, telles qu'un salaire plus élevé et une stabilité d'occupation supérieure.

Un distributeur doit être simple et divulguer tous les documents présents sur la propriété qu'il vend, mais la plupart des États n'ont pas les mêmes conditions préalables en matière de divulgation des informations sur les composés qui sont commandées pour des échanges privés. Ainsi, malgré le fait que votre commerçant ou votre opérateur et plusieurs personnes de votre groupe de révision infatigable puissent vous aider à enquêter sur la propriété et à parcourir les livres au milieu de l'échange, n'oubliez pas d'être la personne qui pense à votre plus gros avantage.

L'enquête sur les baux actuels de propriétés privées est généralement très claire, mais cela ne signifie pas que vous ne devriez pas faire votre travail! Effectuez un audit de tous les revenus privés pour vous assurer qu'aucun choc couvert ne le prévoit, par exemple, location gratuite dans le futur, points de rupture pour les augmentations de location ou garanties de nouveaux revêtements de sol ou autres réparations coûteuses. Certains marchands de biens privés subtils s'aperçoivent que peu d'acheteurs n'effectuent pas une vérification complète de chaque location, ils louent donc des baux futurs en échange de baux plus importants à l'avance, qu'ils utilisent pour posséder des expressions liées à l'argent de la propriété. Assurez-vous de décider du loyer attractif net et de fonder votre idée de propriété sur ces chiffres. Une location évidente au-dessus de la vitrine n'est généralement pas au-dessus du marché dans le cas où vous donnez sans bail à long terme ou promettez de vous faire passer pour le

tapis lors de la restauration de la location.
Les baux commerciaux sont beaucoup plus compliqués que les baux privés. Ainsi, l'investisseur foncier commercial doit avoir une compréhension approfondie des engagements et obligations juridiquement contraignants du bailleur (propriétaire) et du résident (occupant).

L'examen des baux commerciaux est généralement appelé réflexion locative. Un loyer théorique est un résumé composé de tous les termes et conditions critiques contenus dans le loyer et est sensiblement plus qu'un bail. Bien qu'un transfert de bail décent couvre les principes fondamentaux de la location (bail, superficie, durée de la location et date ou options de réinitialisation), un concept décent diffuse d'autres problèmes importants pour les occupants, tels que la signalisation, les privilèges des utilisateurs, développement et restriction, et même des confinements ou des obstacles à la location à différents habitants qui offrent des articles et des administrations comparables. Il a préparé des résumés de location pour toutes les propriétés commerciales qu'il pense s'assurer de voir chacune des conditions.

La réalisation de certaines normes monétaires peut être utile pour évaluer les estimations présentes et futures d'investissements fonciers possibles. De même, l'estimation peut être influencée lorsque certaines limitations (par exemple, les conditions d'affiliation, les contrats et les confinements existant dans les affiliations de nombreux détenteurs de prêts hypothécaires) font partie du service public et constituent en outre un élément de Transférabilité, car ils continuent à fonctionner avec la terre et le point de confinement des privilèges des futurs propriétaires.

Ces normes monétaires dépendent de la raison pour laquelle l'estimation la plus extrême du terrain est obtenue lorsqu'une propriété est utilisée de la manière la plus surprenante et la meilleure possible. L'utilisation la plus surprenante et la meilleure est l'idée essentielle qu'il n'existe qu'une utilisation qui permette de réaliser le plus grand gain pour une utilisation optimale et efficace de la propriété. L'utilisation optimale d'une propriété particulière ne reste pas stable après un certain temps. Le zonage d'une propriété peut éliminer certains emplois potentiels d'une propriété pendant la saison d'évaluation. D'autre part, le temps peut générer de nouvelles opportunités, en particulier pour les biens immobiliers en termes de progrès. Les investisseurs fonciers connaissent un autre type de valeur significative: l'estimation de l'investissement. Bien que l'estimation du marché soit l'estimation d'une propriété pour un investisseur industriel, l'estimation de l'investissement est votre incitation pour un investisseur particulier qui dépend de vos besoins spécifiques, par exemple, les dépenses d'investissement, le position individuelle ou objectifs.

Dans un avenir pas si lointain, vous pourriez vous retrouver face à un autre acheteur pour un immeuble de placement de premier niveau, juste pour être surpris qu'il semble payer beaucoup plus. Si vous avez mené une enquête approfondie sur la propriété et que le concessionnaire a fourni des données similaires sur la propriété à chaque acheteur potentiel, il est probable que l'autre acheteur recueille son idée de l'incitation à l'investissement de la propriété. Par exemple, un investisseur qui ne peut pas utiliser les réductions d'impôts pour dépréciation paierait moins pour une propriété, ce qui créerait une dévaluation annuelle énorme, qu'un investisseur disposant d'un autre revenu facile et pouvant utiliser le report de perception de l'impôt pour réduire son salaire actuel.

6.3 Inspection de propriété, due diligence et fermeture

Un échange de terrain peut être confondu, même pour de petits immeubles de placement, au motif que l'acheteur et le commerçant ont plusieurs primes dont il faut véritablement parler. Le détenteur du dépôt de garantie agit en tant qu'étranger non partisan qui gère les subtilités de l'échange et le remplit régulièrement en tant qu'arbitre lorsque des différences sont créées entre l'acheteur et le distributeur. Dans certaines parties du pays, le travail de l'agent chargé de la garde à vue est considérablement plus restreint. Votre exploitant foncier peut le gérer conformément aux coutumes et aux pratiques de votre quartier.

L'agent de garde prépare les instructions de garde qui gèrent l'échange entre les réunions. Les instructions de conservation sont obtenues à partir des conditions particulières figurant dans les ententes d'achat et dans certains autres fichiers composés généralement établis par l'acheteur et le vendeur.

Les instructions de garde sont basiques. Pour limiter les perturbations, vérifiez attentivement les instructions avant de les signer, car c'est le document dont dépend le dépositaire uniquement pour savoir quoi faire en cas de doute. Sauf si cela est autorisé dans les instructions relatives à la garde, l'agent chargé de la garde ne peut apporter aucune amélioration ou réagir à toute demande sans entente préalable marquée par toutes les réunions.

Peu de temps après que les instructions de garde ont été marquées, votre organisation responsable du titre devrait vous envoyer un duplicata du rapport de titre du livret (ou préliminaire). Demandez à un avocat d'enquêter sur ce rapport critique, sauf si vous avez une grande expérience individuelle et que le rapport préliminaire contient relativement peu de preuves. Le premier rapport de titre indique le propriétaire légitime actuel de la propriété et tout privilège de prêt hypothécaire, privilège de paiement impayé, privilège de facturation, évaluation du jugement ou autre privilège enregistré contre la propriété. En outre, il démontre les servitudes, les limitations ou les intérêts externes qui limitent son utilisation de la propriété, par exemple, les Covenants, Conditions et Restrictions (C, C et R) qui rencontrent normalement des avances d'unités, d'affiliations au réseau ou de suites d'appartements. .

Les possibilités constituent une sorte d'alternative et constituent des composants de base pouvant représenter le moment décisif d'un échange. Les instructions d'achat et de conservation comportent généralement des dates d'expiration: les réunions disposent de certains droits liés aux possibilités d'une période limitée. Par exemple, la possibilité d'une enquête physique ne peut prendre que dix jours pour mener l'examen; Après cela, la possibilité est considérée comme approuvée (ou remplie) et le commerçant a le droit légitime de refuser l'accès pour une évaluation physique.

Une fois que la plupart des possibilités de l'acheteur et du concessionnaire liées à certaines tâches ont été réalisées ou reportées, par exemple, financement, évaluation, livres et registres et enquête physique, l'agent de surveillance ordonne les réunions avec: concernant la date de clôture de l'échange.

La période formelle de détermination requise (le délai entre la reconnaissance d'une offre et la fin de la garde ou la résiliation de l'accord) est une occasion idéale pour soulever de telles consultations extrêmes. Essayez de ne pas être timide. Parlez aux occupants, aux voisins, à toute affiliation d'un propriétaire d'hypothèque ou d'entreprise, aux organisations législatives, aux travailleurs temporaires ou aux fournisseurs de biens, et assurez-vous de reconnaître ce que vous recevez.

Communiquer régulièrement avec le vendeur et ses agents et travaillez étroitement avec eux ne dépendra toutefois que des données fournies sous forme imprimée. Cette période de temps pourrait être votre meilleure opportunité ou simplement pour rechercher des modifications, si des problèmes importants ont été traités de manière incorrecte. Une fois que le contrat de propriété est finalisé, il a dépassé le moment où il est possible de demander au concessionnaire de réparer le toit défectueux, sauf s'il s'est employé à tenter de dissimuler l'état véritable de la propriété. Leurs remèdes ne peuvent être que devant les tribunaux, ce qui peut être exorbitant et ne peut être retenu que par les problèmes les plus réels ou les plus coûteux. Les cas raisonnables d'ingéniosité comprennent la collecte d'informations monétaires sur la région et le quartier, appelant des propriétés agressives pour les tarifs de location actuels du marché et les concessions, vérifiant l'exactitude des baux relatifs aux données et à l'argent affichés par le propriétaire vendeur, et menant une évaluation physique intensive de la propriété par un intérimaire autorisé ou un examinateur. Malgré le fait que les investisseurs fonciers rusés dirigent la pré-offre et obtiennent régulièrement une copie de l'explication du travail sous la forme indiquée, vous n'avez peut-être pas la possibilité d'examiner de véritables livres et archives avant être formellement sous contrat et en temps voulu de persistance.

Dans le cas où le vendeur offre des remises aux magasins de sécurité, il a la preuve qu'il a rassemblé les magasins auprès des habitants qui possèdent maintenant le logement locatif ou la suite, ce qui n'est jamais simple. Par conséquent, demandez avec insistance au vendeur de vous fournir un représentant solide pour tout ce qu'il conserve dans les magasins de sécurité à proximité et que chaque occupant soit enregistré comme copie imprimée personnalisée du magasin de sécurité échangé au milieu du contrat. Cette procédure simplifie la procédure et vous empêche de récupérer les magasins de sécurité des habitants actuels. Pour éviter tout problème pendant la période de déménagement, envoyez à votre habitant une lettre indiquant la somme du magasin de sécurité.

De même, vérifiez si le vendeur a des magasins à proximité de l'organisation de services et s'il doit configurer un magasin pour l'administration. Très probablement, vous ne gérerez que l'échange du magasin par le biais de l'entiercement avec une déclaration composite de l'échange d'utilité du magasin. Dans l'éventualité où une étude des coûts de la propriété montrerait que les coûts des services publics sont étrangement élevés, vous devrez peut-être chercher des copies de factures authentiques pour déterminer s'il ya eu une seule fluctuation ou si la propriété peut Bénéficiez des efforts de protection.

Le statut d'un bien influence légitimement son estime. L'investisseur judicieux du terrain nécessite de manière fiable un examen physique minutieux avant l'achat d'un immeuble de placement, que celui-ci soit excellent ou non. D'autres biens d'investissement peuvent paraître intéressants sur le papier et votre persévérance avant l'offre peut révéler des problèmes juridiques ou budgétaires. D'autre part, votre investissement est uniquement de la même classe que la connexion la plus faible, et une propriété physiquement inintéressante n'est jamais un investissement judicieux.

Les investisseurs fonciers perspicaces ont vraiment un processus d'examen à double sens avec leur précédent passage à l'offre sous-jacente à travers la propriété, prélude à cette offre. Dans le cas où l'offre est faite et reconnue, l'expertise reconnaît tout problème de l'exécuteur de la convention avec le bien ou tout ce qui justifie la renégociation.

6.4 Faire une offre

Vous bénéficiez de la terre lorsque vous achetez votre propriété d'investissement. Si vous achetez une propriété bien ciblée et physiquement solide en dessous de l'estimation du marché et du coût de remplacement, la propriété fournira des rendements phénoménaux pendant une longue période. C'est la raison pour laquelle les arrangements astucieux sont si importants pour que vos investissements fonciers soient efficaces.

Bien que chacun aborde la consultation de son propre point de vue, nous pensons qu'il est essentiel de comprendre que le réseau terrestre dans de nombreux territoires est vraiment une réunion affectueuse d'experts qui s'organisent. De cette manière, les références informelles et la notoriété de la fiabilité et de la respectabilité sont des éléments de base pour leur réalisation à long terme. La persistance et la vision sont également une excellence extraordinaire lorsqu'il s'agit de faire les meilleures affaires sur la terre ferme. Une conduite difficile, des échanges inégaux peuvent bénéficier à court terme, cependant, les mots voyagent vite.

L'appareil organisationnel le plus important dans l'achat d'un immeuble de placement est un meilleur apprentissage: si vous êtes réticent à accomplir la tâche importante qui consiste à légitimer le juste coût, vous êtes presque certain de payer plus pour le terrain. Votre objectif en tant qu'investisseur est d'établir la valeur limite que vous pouvez vous permettre tout en réalisant un fort profit sur votre investissement, à la lumière des dangers qui y sont associés.

Nous ne proposons de tromper personne, cependant, un nombre incroyable de propriétaires actuels ne se concentrent pas sur les données les plus fondamentales du libre accès. Il n'y a rien de corrompu ou d'illégal dans la vision de réaménager et de réaménager une propriété afin de lui donner toute son estime, étant donné que son exploration dans les bureaux de quartier montre qu'un nouveau chef notable s'installe dans la région et s'agrandit de manière spectaculaire. Intérêt pour les médias vides et les propriétés commerciales fatiguées, telles que ce que vous envisagez d'acquérir. Il sera incroyablement fructueux d'organiser des entreprises extraordinaires au cas où vous connaissez non seulement les personnes parfaites et que vous disposiez d'un groupe d'investissements fonciers décent, mais également que vous connaissiez les éléments importants qui influencent l'activité de marché libre dans le quartier.

Vous constatez peut-être que les organisations de quartier se développent rapidement et emploient des groupes de nouveaux spécialistes. Il se rend compte qu'en raison de la pénurie de logements à proximité, les nombreuses nouvelles familles qui s'installent dans la région ne pourront pas payer le coût d'une autre maison et devront donc louer. C'est un signe décent que les loyers vont augmenter et que l'intérêt pour les agréables logements locatifs de trois à quatre chambres à coucher situés dans des parcs paisibles à proximité des meilleures écoles. De toute évidence, vous pouvez utiliser ces données pour organiser correctement l'achat de logements locatifs de premier niveau sur ce marché.

Ou, d'autre part, peut-être que la dernière sauvegarde du site de voyage du quartier pour étendre une autre ligne de train léger reliant et à travers un territoire de réseau peut réellement stimuler un changement positif. Alors, faites votre travail et localisez un couple plus expérimenté qui a perdu tout enthousiasme pour son bien commercial là-bas. Vous achetez et réaménagez ce petit centre commercial situé en face de la nouvelle gare, car vous savez que c'est un quartier attrayant pour les résidents des commerces de détail qui se concentrent sur les travailleurs. Décidez de l'activité actuelle du marché libre dans le centre commercial afin de savoir s'il s'agit d'un marché d'acheteurs ou de vendeurs. Cela ne signifie pas que je ne peux pas faire d'investissements extraordinaires dans la terre; Cependant, vous devez être prévenu. L'achat sur le marché d'un vendeur à des coûts supérieurs au coût de remplacement peut être risqué. Essayez de ne pas trop y penser comme si votre objectif était une suspension temporaire de la propriété.

Les données constituent le noyau de l'organisation. Transmettez les nouvelles à la table de troc. Obtenez des informations sur des offres équivalentes pour réduire vos coûts. Encore et encore, les investisseurs et leurs spécialistes sélectionnent le numéro dans les airs lorsqu'ils font une offre. Si vous étiez le distributeur, serez-vous amené à réduire votre coût initial? Indiquez ci-dessous et les offres équivalentes d'immeubles de placement pour légitimer le coût de votre offre renforce votre cas. Trouvez-vous de temps en temps un vendeur de terrains avec une qualité d'investissement qui n'approche pas de toutes les informations du marché? Cependant, les marchands ne choisissent souvent pas de propriétés privilégiées, car ils souhaitent utiliser avec imagination uniquement des compositions qui correspondent au coût de vente le plus surprenant possible.

Le temps dont vous disposez pour clôturer votre achat est également une concession de négociation. Certains commerçants peuvent avoir besoin rapidement d'argent et proposer des approches différentes en ce qui concerne la possibilité de fermeture rapide. En outre, le bonus de spécialiste de la terre peut également être discuté. Enfin, essayez décemment de laisser vos sentiments de côté pour tout achat de propriété. Ceci est plus difficile que l'on pourrait s'y attendre, cependant, faites ce qu'il faut pour ne pas être abasourdi par une propriété. Continuez à chercher des propriétés différentes malgré les enchères; Vous pouvez vérifier cela avec un vendeur non motivé.

Le contrat d'achat est l'enregistrement autorisé qui suit les subtilités de l'échange de votre projet d'achat de la propriété en question. Selon votre lieu de résidence, les conditions d'un contrat d'achat de terrain sont différentes. Par exemple, un contrat commercial, une idée d'achat, un contrat d'acquisition, un contrat, une compréhension sincère de l'argent et un reçu du magasin. .

Indépendamment de ce que vous appelez cela, la compréhension de l'achat est le fichier le plus important du nettoyage des terres. Entrez les informations essentielles (les noms des marchands et des acheteurs, une description de la propriété et les conditions de financement proposées) et indiquez le montant que vous payez, les modalités de paiement à respecter pour fermer l'échange, ainsi que les conditions sous lesquelles vous pouvez abandonner l'entente et rendre la boutique de l'acheteur. Essayez de ne pas donner à un exploitant terrestre l'opportunité de révéler que votre offre doit figurer dans une structure spécifique, étant donné que, même si de nombreuses structures de compréhension des achats sont accessibles, aucune n'est requise. La structure que vous utilisez dépend de vous: nous vous suggérons d'utiliser une structure de compréhension des achats qui est tout sauf difficile à lire et à obtenir. Plus la langue est confuse, il est presque certain que les réunions sont confuses ou que l'importance des termes de l'offre diffère.

CHAPITRE 7: LE MYTHE DES DIX

7.1 Augmenter la valeur de la propriété de dix façons

Bien que la plupart des immeubles de placement aient différentes sources de paiement, la principale source est le revenu. Les investisseurs immobiliers commencent habilement à comprendre que la construction de contrats de location génère des revenus plus importants. L'établissement du bon contrat de location et le maintien du niveau de marché idéal d'une offre infinie d'occupants sont l'une des principales difficultés reconnues par les propriétaires. De nombreux propriétaires d'immeubles de placement hésitent à augmenter leurs loyers car ils craignent que leurs grands occupants ne partent. Ceci est une préoccupation importante, cependant, vous ne devriez pas vous passer de gagner de l'argent au niveau de la publicité, une des approches les plus rapides et les moins complexes pour améliorer votre revenu. De toute évidence, vous devez rechercher de manière fiable des approches intelligentes pour améliorer la propriété et vous assurer que vos locations sont agressives et que votre estimation est raisonnable.

D'autre part, si vos loyers sont maintenant au niveau du marché, nous espérons progresser vers la propriété afin de légitimer des loyers plus élevés. Peut-être, y compris une unité combinée de ventilation par micro-ondes / ventilation sur le poêle, donner des espaces supplémentaires ou introduire une plate-forme ou un store peut apporter une amélioration légitimant un bail plus élevé.

Toute mise à jour qui améliore la nature de la vie ou transmet la propriété à une dimension telle que les propriétés les plus estimées de la région peut générer des loyers de marché plus importants.

Le chiffre d'affaires est le facteur absolu le plus déterminant dans la détermination des coûts de la plupart des immeubles de placement. Dans les deux propriétés privées et commerciales, la rotation des habitants est fondamentalement horrible pour la réalité. Un habitant qui déménage avec une probabilité plus grande implique un malheur dans le paiement du loyer, en plus de son impact sur les coûts supplémentaires (promotion, sélection des occupants, assistance et aménagements et mises à jour des immobilisations régulièrement) pour rendre l'unité ou la suite de le loyer est accessible pour indiquer les occupants imminents. Marquer des baux à long terme avec des habitants qualifiés, maintenir incessamment la propriété dans les meilleures conditions et être réceptif aux occupants peut contribuer à réduire la rotation des habitants, ce qui améliore légitimement le résultat opérationnel net.

La présentation du logement locatif ou de l'ensemble des habitants est un autre moyen efficace de réduire la perte de bail au cours de la rotation des occupants. Si vous ne pouvez louer le loyer à un autre habitant que quelques jours ou quelques semaines après le départ de son occupant actuel, votre contrat de location perdu diminuera considérablement et votre revenu augmentera. Après avoir reçu notification d'un occupant à effacer, demandez immédiatement votre consentement pour entrer et découvrez ce que vous devez faire pour préparer la propriété pour le prochain habitant. En outre, commencez à promouvoir pour un autre habitant et augmentez la collaboration de l'occupant qui se retire pour prouver son droit de propriété. La pré-location est l'une des solutions les plus faciles pour augmenter votre bénéfice global, mais elle nécessite quelques arrangements et un agréable retraité que vous devriez avoir au cas où vous auriez été un propriétaire persévérant et fiable et sensible aux besoins de votre occupant. .

Une alternative de location est une entente qui donne à l'habitant le privilège d'acheter le bien loué à un coût prédéterminé pour une période de temps donnée. Les marchands utilisent régulièrement des options de location sur des marchés fonciers modérés pour générer un enthousiasme supplémentaire pour la propriété; Même un acheteur potentiel à l'heure actuelle sans frais initiaux a la possibilité de devenir inévitablement un détenteur d'hypothèque.

Il existe de nombreux avantages pour le propriétaire de l'investissement qui souhaite proposer une location avec la possibilité d'acheter l'immeuble. Vous pouvez souvent vendre la propriété à titre d'incitatif sur le marché actuel, et la solution de remplacement pour la location nécessite généralement une dépense unique que vous pouvez conserver si l'acheteur ne pratique pas son choix. De plus, le locataire / acheteur paie normalement des frais de location mensuels plus élevés avec une alternative à la location, étant donné qu'une partie des frais est liée à un prix définitif. Des frais réguliers plus élevés peuvent vous être utiles si les flux monétaires pour la propriété sont négatifs à partir de maintenant.

Les immeubles de placement qui prennent en compte les personnes âgées sont réputés pour leur fiabilité, et les aspects socio-économiques clairement justifiés ont précédé la prise en compte de cette spécialité du secteur des entreprises en développement progressif. Certaines propriétés de haut niveau se concentrent sur celles qui nécessitent une considération inhabituelle et des administrations de moyens d'existence, ce qui est difficile pour certains propriétaires. Dans tous les cas, il est nécessaire de développer des propriétés avec des exercices et des projets sociaux qui intriguent des personnes âgées dynamiques et ne nécessitent pas de compétences particulières ni d'investissements en capital importants.

L'offre de contrôle ou la présentation initiale fournie par votre propriété est essentielle à votre réussite. De loin, l'approche la moins exigeante en matière d'augmentation des revenus et de l'estime consiste simplement à commander et à traiter les travaux de maintenance accordés dans de nombreuses propriétés. L'une des normes fondamentales du territoire est l'activité fondamentale du marché libre. D'autre part, si votre propriété émerge réellement et a une apparence bien supérieure aux propriétés équivalentes, elle suscite un intérêt intense. Votre location restera impliquée dans les meilleures locations du marché. C'est ce que le revenu est à propos.

En plus de restaurer la maintenance directe accordée, une autre méthode extraordinaire pour augmenter les revenus (et l'estimation) consiste à renouveler la propriété. La clé ici est de dépenser de l'argent uniquement sur des choses qui améliorent la propriété et donnent une récompense rapide. Les précédents incluent des utilitaires de sous-mesure, la mise à jour des appareils ou de nouveaux points forts que les habitants souhaitent.

L'une des premières étapes à suivre après l'achat d'un immeuble de placement consiste à évaluer les coûts de main-d'œuvre actuels. Voyez s'il y a une possibilité d'amélioration, en particulier sans affecter négativement ses habitants.

Demander aux organismes de service proches d'effectuer un contrôle d'énergie peut vous aider à réduire les coûts. L'innovation consiste à utiliser un éclairage LED, une énergie solaire et des cadres de chauffage hydronic incroyablement attrayants. L'expansion rapide des dépenses au profit de l'eau et de l'assainissement dans de nombreuses régions du pays a rendu l'établissement de sous-compteurs individuels disposant des connaissances financières nécessaires pour répartir et récupérer les dépenses de chaque occupant dépend de leur véritable usage. Des compteurs d'eau distincts pour les régions de la scène peuvent éventuellement supprimer les frais d'égout si le service d'eau de votre quartier les leur propose. L'approche idéale pour assurer la protection des actifs de leurs propriétés consiste à donner à leurs habitants légitimement la responsabilité de l'utilisation de leurs actifs. Cela permet aux résidents de contrôler leurs propres dépenses et d'économiser de l'argent.

Pour les grandes propriétés privées et commerciales, demandez à chacun des contractuels et coopératives spécialisées actuels de présenter une proposition ou une offre. Trouvez d'autres entreprises pratiquement identiques et, enfin, confiez votre entreprise aux organisations protégées qui offrent le plus d'argent. Au fur et à mesure que votre territoire se développe, vous réaliserez qui sont les meilleurs fournisseurs d'estimations. Les travailleurs contractuels et les coopératives spécialisées peuvent proposer des limites qui dépendent du volume.

7.2 Investissement immobilier réussi de dix manières

De nombreux informateurs publicitaires et enseignants de la classe terrestre laissent croire qu'il est très simple pour quiconque de faire fortune sur la Terre à moyen terme. L'achat d'abats ou de biens sans paiement en espèces peut donner des rendements attrayants, et il n'y a aucune incertitude sur le fait qu'assurer le terrain en deçà de son estimation intrinsèque augmente vos chances de réussite monétaire. Il s'agit essentiellement du guide conventionnel (achat bas, vente élevée) lié au terrain. En outre, dans le cas où vous pouvez le faire régulièrement et sans problème avec le titre, la destruction de problèmes physiques ou les conséquences négatives de l'obligation d'être déclaré vendeur par l'IRS, cette technique peut être très productive.

Cependant, découvrir des propriétés excellentes, physiquement stables et accessibles à des prix inférieurs au marché n'est pas fondamental. Notre expérience est que la plupart des vendeurs font des estimations de propriété et ne cèdent pas seulement leur propriété. Nous pensons souvent que le fameux adage "Vous obtenez ce que vous payez" a été créé par un investisseur foncier qui vient d'acheter un abandon pour découvrir qu'il dispose d'un vaste embargo préventif non enregistré, d'un important habitant du secteur commercial qui a déclaré sa faillite financière et annulé sa faillite, louer, ou une section divisée.

Nous dirions qu'en général, les investisseurs fructueux seront des personnes rusées, persévérantes et fiables, qui se montreront très enthousiastes avant d'acheter une propriété. Ils ne pensent plus à la roue avec chaque arrangement, car ils connaissent leur spécialité sur le marché, leurs compétences individuelles et leurs atouts accessibles. Ils ont un rêve et utilisent leur ligne de conduite fiable pour chaque propriété. Si vous accumulez ces cadeaux, vous pouvez révéler des propriétés uniques avec un potentiel d'estime incluse que vos rivaux négligent fréquemment.

Le nouvel investisseur foncier doit également accumuler des sources de salaire supplémentaires tout en maintenant ou, idéalement, en dépit de la réduction des coûts actuels; Peu importe que vous trouviez des propriétés dans lesquelles le concessionnaire vous octroie tout le financement, vous ne pouvez pas échapper aux coûts de sécurité en dehors de la cachette ni au coût de la porte ouverte de la perte de salaire tout en utilisant votre temps et votre vitalité pour trouver des propriétés et jouer fermement. Il semble que nous ne puissions toujours pas trouver un enquêteur foncier ou un organisme gardien de premier ordre qui ne fonctionne pas du tout.

La grande majorité crée de la richesse et répond à des attentes plus élevées en matière de confort de tous les jours grâce à la pénitence et au fait de vivre en-deçà de leurs méthodes à l'heure actuelle ou même de le faire après un important flux de fonds fonciers. Votre inclination dépendra de vos compétences et de vos atouts. Vous êtes prêt à utiliser vos compétences et vos compétences en tant que gestionnaire immobilier pour réaménager les propriétés, obtenir de nouveaux habitants et augmenter les loyers. Les propriétés particulièrement attrayantes sont celles dans lesquelles le propriétaire ou le directeur actuel n'a pas maintenu ses loyers au niveau du marché ou qui n'ont pas été entretenues de manière adéquate sur le plan esthétique.

Achetez des propriétés en continu au prix le plus avantageux. Ce système est fondamental et de bon augure, même si en réalité il pourrait être assez difficile. Nous proposons de suivre certaines règles. En cas de doute, la plupart de vos acquisitions foncières doivent appartenir à la première classe de réparateur et être calculées en fonction des besoins. Vous devez acheter des propriétés qui offrent des difficultés explicites qui coordonnent vos propres compétences afin de pouvoir utiliser vos compétences pour revoir et mettre à jour l'estimation de la propriété et augmenter le bénéfice net d'exploitation après un certain temps.

Un investisseur foncier qui utilise la technique "Get Rich" n'achète pas une autre propriété entièrement repensée, sauf dans le cas d'une percée ou d'une zone privilégiée, à la lumière du fait que l'estimation globale ou le fait à ce jour est terminée Être pris par le propriétaire actuel. Ces propriétés peuvent constituer des investissements importants, mais elles se limitent aux augmentations du marché en termes de loyers et d'estimations, pour ainsi dire.

La méthodologie "Devenir riche" consiste à découvrir des propriétés qui se situent dans la voie du progrès, puis à les remodeler pour accroître leurs revenus et leur estime. Dans tous les cas, ne dépensez pas trop pour des améliorations physiques. Il vous suffit de faire ces rénovations ou mises à jour qui accroissent l'attractivité de la propriété pour votre marché cible. Votre propriété est une unité locative, pas votre propre maison.

Vous aurez peut-être besoin d'installer des étagères et des machines de haute qualité dans votre maison, mais vous ne pouvez pas réaliser un profit décent sur votre investissement si vous avez la possibilité d'améliorer votre maison rentable. La fierté de la propriété est importante, cependant, maintenir une entreprise et dépenser plus pour une propriété limiteront votre capacité à réserver le prochain acompte, à construire votre portefeuille et à atteindre la richesse.

CHAPITRE 8: BUTS POUR ATTEINDRE LE TOP

8.1 Déterminer le camp de base

Le directeur organise en structure une piste liée à l'argent pour continuer à courir est d'établir son camp de base budgétaire. Le moyen d'y parvenir est de fusionner le modèle de la valeur nette dans votre vie. La première étape consiste à établir un plan de dépenses individuel et à le réaliser. Cela vous permettra de ne pas dépenser tout votre argent et vous aurez quelque chose à contribuer. Une dépense individuelle le poussera à bien vivre, mais bien en dessous de ses méthodes modérées jusqu'à ce que sa fortune budgétaire s'accumule. En suivant une dépense, vous commencerez à comprendre pourquoi vous achetez des choses chères après avoir été bien et pas avant. Enfin, vous comprendrez que la première étape pour devenir un magnat consiste à continuer à adopter un mode de vie contrôlé. La deuxième étape de la configuration de votre base budgétaire consiste à conserver une feuille de calcul de l'actif total: votre carte de pointage de création de richesse.

Prévoyez une heure par semaine pour examiner et poser une question: "Comment puis-je devenir mon actif total et mon revenu?" Chaque fois que vous achetez quelque chose, vous commencerez à tirer une conclusion évidente concernant ce que vous faites avec de l'argent et comment cela influence votre richesse liée à l'argent. Après un certain temps, vous comprendrez pourquoi les magnats prétendent que la richesse liée à l'argent n'est pas équivalente au salaire gagné et que l'épargne n'équivaut pas à investir.

La dernière avancée dans la structure de votre camp de base est de rester à l'écart de l'obligation. Bien que ce soit facile à dire, c'est difficile à faire. Essayez de faire la promesse de ne pas financer vos propres frais de subsistance. Malheureusement, beaucoup de gens sont impliqués dans un style de vie "get and buy". Les magnats font l'inverse final, recevant le mantra "réservé, au moment de l'achat", en particulier pour les achats réels. Essayez de ne pas donner à votre crédit la possibilité de créer une carte faisant votre réservation pour vous. En cas de doute, essayez de payer avec de l'argent ou de l'argent comparable. À la fin de la journée, traitez votre carte de crédit comme de l'argent et payez une indemnité tous les mois. Les magnats n'utilisent pas l'obligation de transmettre du crédit plastique. Ils n'ont aucun enthousiasme pour payer une grande intrigue, et vous non plus. Si vous le pouvez, achetez en fonction des "besoins" et maintenez une distance stratégique avec un mode de vie qui acquiert des "besoins". Quand quelque chose se brise, pensez avec certitude "réparer" en premier, "utiliser" en second et "nouveau" en dernier. Cela maintiendra probablement une distance stratégique par rapport à l'obligation non liée aux ressources, quoi qu'il en soit. Mais finalement, en revanche, il doit générer une obligation; Essayez de vous assurer que la durée de l'obligation et la durée de vie utile des ressources sont coordonnées.

8.2 Protéger l'avenir

La principale activité pour assurer votre avenir consiste à économiser de trois à six mois de frais quotidiens pour un compte, au cas où. Vous avez besoin d'un filet de sécurité, alors peu importe ce qui se passe, vous avez des alternatives. Attendez-vous à ce que le montant de la retenue augmente à mesure que votre actif total augmente.

Ensuite, achetez une maison. Ce ne sont pas exclusivement des fonds de réserve restreints, vérifiez également la ressource qui décide de votre mode de vie plus qu'un autre. De la même manière que pour tout autre achat, l'achat est basé d'abord sur les besoins, puis sur les besoins. Achetez ce que vous voulez gérer et non ce qu'une banque vous prêtera. Achetez en fonction des arrangements de votre famille. Ne pas "acheter ci-dessous", exiger un déménagement trop tôt, ou "acheter trop", en prévoyant plus de salaire plus tard. C'est une ligne étroite pour marcher, mais vous devez marcher. Si vous le faites "en sous-traitance", vous finirez probablement par en faire votre premier bien d'investissement. "Acheter en excès" peut vous placer dans la maison des pauvres. Essayez de ne pas progresser pour devenir "riche à la maison et payer les pauvres." La vraie clé de l'opportunité ici est de mettre vos frais de manière rapide pour devenir propriétaire de votre maison sans vous inquiéter du monde.

Troisièmement, protégez votre avenir en le protégeant sur des territoires clés. Vous aurez besoin d'une protection suffisante pour les personnes handicapées afin de garantir un mode de vie de base. Vous aurez besoin d'une protection contre les catastrophes satisfaisante pour aider à renforcer votre famille et à payer les dépenses de l'héritage du gouvernement. Vous aurez besoin de la meilleure couverture médicale raisonnable pour vous et votre famille. Vous aurez besoin d'une estimation de remplacement satisfaisante et d'une protection de l'obligation pour votre maison, votre véhicule et vos biens. Si vous réunissez votre spécialiste de la protection, votre comptable et votre avocat responsable de l'organisation du pays d'origine, vous devriez avoir la possibilité de donner un sens à cela en environ 60 minutes. À la fin, faites un plan d'héritage. Vous devez incorporer une provision simple, bien que soigneusement étudiée, de fiducies et testaments adéquats, ainsi que des méthodologies pour limiter ou éliminer les impôts hérités et étendre la garantie du prêteur. L'investissement que vous faites dès le départ pour les administrations d'un avocat hors du commun chargé d'obtenir des legs sera enfin rentable. Au moment où Sam Walton était un jeune garçon qui avait simplement démarré dans les affaires et pouvait au moins en supporter les coûts, il avait établi son plan d'héritage. Par la suite, vers une fin incroyable, l'une des meilleures fortunes proche de son domicile à tout moment accumulé a été échangée à ses bénéficiaires avec des tarifs pratiquement nuls. Les magnats comprennent cela, le comprenez-vous?

8.3 Financement futur

C'est une excellente opportunité pour devenir un investisseur. Pour ce faire, vous devez faire ce que les investisseurs font: obtenir de l'argent et l'utiliser, choisir la vitrine de la terre où vous avez besoin de mettre des ressources et de l'apprendre, et faire votre travail et diriger les arrangements et les créer. L'école ne sort jamais pour les fructueux. Soyez clair sur vos territoires "essentiels" et négociez. N'oubliez pas que vous découvrez comment gagner avant de vous spécialiser pour devenir riche. Préparez une liste de lecture chaque année et lisez ces livres. Faites de même pour les cassettes sonores d'instruction, les enregistrements et les DVD. Allez à un cours par an sur un point que vous devriez mieux connaître. Passez du temps avec les personnes de votre système et accordez-vous à votre expérience et à votre exhortation. Plus important encore, réveillez-vous tous les jours et déclarez: je suis un investisseur. Aujourd'hui pourrait être le jour où vous découvrirez une opportunité et ferez un arrangement.

Avec de l'argent, des informations et des connexions derrière vous, c'est une opportunité idéale pour générer des opportunités d'investissement. Pour commencer, écrivez vos critères sur papier. Dans le cas où ils ne sont pas enregistrés, vous ne les aurez probablement pas. Ensuite, conservez ce résumé dans le but de le terminer comme une mélodie dans votre esprit que vous ne pouvez pas résister à vous souvenir. Actuellement, recherchez des clients potentiels et des clients potentiels répondant à vos critères. Choisissez quelques techniques et donnez-leur suffisamment de temps pour vérifier si elles vont fonctionner. Étant donné que vos critères, votre spécialité et votre marché géographique cible constituent une équation remarquable, vous devez travailler pendant un certain temps avec votre approche d'âge avancé afin de commencer à obtenir des résultats non surprenants. Bloquez votre emploi du temps d'anticipation et sécurisez-le. Fixez-vous l'objectif de créer un client potentiel pendant plusieurs jours, mettez-les dans votre base de données, puis travaillez dessus.

Les suspects et les prospects sont totalement uniques. On ne le fera pas et on le fera. Vous perdez votre temps et vous le méritez. L'un vous coûte de l'argent et l'autre des bénéfices. On ne mérite aucun effort et on mérite tous les efforts. Essayez d'avoir la possibilité de comprendre rapidement lequel sera lequel. Quand il peut faire cela, il fait le travail le plus fondamental des investisseurs.

Vous choisirez vos clients potentiels en examinant la propriété, en rencontrant le distributeur et en obtenant votre système inclus. Vous aurez probablement l'option de dire: "Mes perspectives sont en train d'être étudiées". Vous aurez la possibilité d'indiquer cela lorsque vous pensez à une propriété qui répond à vos critères et est revendiquée par un distributeur qui respecte vos conditions.

8.4 Rester dans le cours

La dernière étape de la structuration de votre suivi lié à l'argent consiste à gagner en vitalité pour que vous puissiez terminer ce que vous avez commencé. Essayez de ne pas être stressé par l'économie ou le marché. Warren Buffett dit non. Ce sont vos critères qui posent problème, pas les conditions qui peuvent rendre votre accessibilité. Adhérez à votre accord et contribuez selon vos critères. Le diagramme suivant établit la méthodologie à suivre. Je devrais consacrer environ 10 heures par semaine à ce programme de renforcement de la richesse. Vous pouvez compléter un peu tous les jours, ou vous pouvez compléter les mérites de sept jours chaque week-end. La décision revient à vous. Gardez le cap.

Aussi direct que cela paraisse, le fait de très bien gérer peut être un défi. Un investissement efficace et la création de richesse est une procédure, pas une occasion. C'est une course de persévérance, pas une course rapide, et doit créer et stocker de la vitalité pour courir.

L'épuisement rond derrière chaque propriété que vous devez visiter et chaque commerçant que vous devez connaître et consulter. Il ne peut supporter de donner à cette occasion l'occasion de transpirer. Vous devez vous préparer à l'épuisement et au divertissement afin de pouvoir continuer à investir et à obtenir un poste. C'est une affaire complète, et au cas où vous ne le suivriez pas, vous tromperiez votre plan d'investissement et vous-même. Vous aurez besoin de vitalité pour progresser et devenir un investisseur de magnat.

CONCLUSION

Investir dans des maisons louées peut engendrer des salaires actuels et des réductions d'impôt importantes, ainsi que créer de la valeur à partir de l'augmentation au fil des ans et des décennies. Examinez votre plan de dépenses de mois en mois et assurez-vous d'avoir suffisamment de protection. Les meilleurs investisseurs immobiliers fabriquent leur portefeuille d'investissements immobiliers en réservant de l'argent, puis en achetant progressivement des propriétés au fil des années.

La terre est le principal investissement dont nous sommes conscients et qui peut vivre ou louer pour payer le salaire. Vous pouvez également déterminer d'énormes avantages non imposables lorsque vous vendez votre mode de vie essentiel à un taux plus élevé que celui que vous avez payé. Les territoires, où de nouvelles améliorations ou réaménagements vont être réalisés, sont le lieu idéal. Les meilleurs biens d'investissement foncier sont ceux qui sont largement répandus et physiquement stables, mais qui sont testés sur le plan cosmétique et qui font l'objet d'un suivi inefficace.

Bien que The Real Estate Investor soit un manuel pour investir dans des terres, il s'agit également, en son centre, d'un manuel pour gagner de l'argent lié à la richesse. Pour créer une richesse budgétaire, il faut commencer par comprendre les meilleures normes de profit fiables. La création de richesse est liée à la perception que la richesse n'est pas l'équivalent, que l'écart entre un arrangement décent et un arrangement incroyable est un écart important créé par l'absence d'intelligence. Apprendre la distinction peut changer votre façon de regarder le monde et, à la fin, peut changer un état incroyable.

Comme vous le constaterez, The Real Estate Investor est deux livres en un. Le segment initial est donné à votre raisonnement. Dans cette partie, vous contesterez une partie de vos légendes concernant l'argent, la terre et vous-même. De plus, vous vous familiariserez avec certaines réalités immortelles sur le fonctionnement des espèces. Si vous pouvez découvrir comment adopter une mentalité similaire à celle d'un magnat, vous aurez une occasion considérablement améliorée de la liquider. La deuxième partie de l'ouvrage est liée au déménagement. Cela fait partie de "comment le faire" et dessinera un moyen éprouvé de poursuivre car ils ont essayé d'utiliser les modèles.

www.ingramcontent.com/pod-product-compliance
Lightning Source LLC
Chambersburg PA
CBHW030606220526
45463CB00004B/1189